초판 1쇄 인쇄 | 2025년 6월 2일
초판 1쇄 발행 | 2025년 6월 5일

지은이 | 윤재성
펴낸이 | 김영대
펴낸곳 | 도서출판 명주
출판등록 | 2011년 7월 20일(제 301-2013-083)
주소 | 서울특별시 강동구 천중로42길 45 2층
전화 | 02-485-1988
팩스 | 02-485-1488
ISBN 978-89-6985-037-9 73440

ⓒ 윤재성, 2025
정가 16,800원

프롤로그

우주에는 무엇이 있을까?

우주를 사랑하는 우리 친구들 환영해요.

이 책을 읽는 우리 친구들은 한 번쯤 밤하늘을 올려다본 적 있죠?

깜깜한 밤, 높은 하늘을 보면 반짝반짝 빛나는 별들이 보여요.

옛날부터 누군가는 그 별을 보고 '저기에는 누가 살까?' 하고 궁금해하고, 또 어떤 친구는 '저 별까지 갈 수 있을까?' 하고 상상하곤 했어요.

사실, 나는 아주 어릴 때 그러지 않았어요. 그냥 '하늘에 별이, 태양이 있구나.'라고 생각했지요. 그런데 어른이 되고 전남 고흥에 있는 나로우주센터 우주과학관에서 일하면서 밤하늘의 별을 바라보면 별들이 말을 걸어오는 것 같았어요.

"야, 너도 궁금하지? 우리 이야기를 들려줄게!"라고.

그때부터였을 겁니다. 우주가 무척 궁금해졌어요.

보면 볼수록 우주는 정말 신기해요! 우주에서는 우리가 생각하는 것보다 훨씬 신기한 일들이 많이 일어나요. 그 중에서 제일 신기한 일은,

그 우주가 지금도 쑥쑥 자라고 있다는 거예요. 마치 거대한 풍선처럼 계속 부풀어 오르고 있어요.

우리 한번 잘 생각해 봐요.

우주에는 지구처럼 생긴 행성이 또 있을지도 몰라요. 다른 생명체가 사는 별이 있을 수도 있고, 지구보다 더 신기한 기술을 가진 문명이 있을지도 모르지요. 그래서 많은 과학자들이 망원경으로 하늘을 들여다보고, 로켓을 우주로 쏘아 올리고, 인공위성을 다른 행성으로 보내기도 하고, 탐사 로봇을 먼 행성에 보내고 있어요.

그런데 왜 우리가 우주를 알아야 할까요?
"우주를 안다고 성적이 잘 나와요?"
"우주에 갈 일도 없는데 꼭 알아야 해요?"
물론 이런 질문을 할 수도 있어요.
하지만 우리 일상 속에도 우리가 모르게 우주가 숨겨져 있어요. 우리가

사용하는 스마트폰 지도는 인공위성 덕분에 작동하고, 날씨를 미리 아는 것도 지구 위를 지나는 위성 덕분이에요. 우주 정거장에서 하는 실험 덕분에 병을 치료하는 약도 더 좋아지고 있지요.

또 우주를 알면 알수록 우리 인간에 대해서도 더 잘 알 수 있어요. 지구가 얼마나 특별한지, 또 우리가 살고 있는 지구도 수많은 별들 중 하나라는 것도요. 그 우주를 좀 더 알아가기 시작하면, '나는 정말 우주만큼 신비한 존재구나!' 하고 느끼게 될 거예요.

이 우주가 어떻게 탄생했는지 궁금한가요?
로켓은 어떻게 하늘을 날까요?
달에 진짜 사람이 갔었을까요?
나도 우주인이 될 수 있을까요?
우주 관련 직업에는 어떤 것이 있을까요?
이 책에는 그런 궁금증을 하나씩 풀어주는 이야기들이 담겨 있어요.
누리호, 인공위성, 우주인, 탐사선, 그리고 아주 먼 미래 이야기까지!
자, 이제 함께 우주 탐험을 시작해 볼까요?
이 책을 읽으면서 우리 친구 눈이 반짝반짝 빛난다면, 친구 안에서 우주가 깨어나는 순간일지도 모르지요!

차 례

프롤로그_우주에는 무엇이 있을까? _3

제1장 우주는 얼마나 클까? _13

우주에는 무엇이 있을까? _14

우주는 점점 커지고 있어요! _29

제임스 웹 우주망원경이 본 우주 탄생의 순간 _34

우주 실습실 태양계 행성 크기 비교 그림 그리기 _38

제2장 태양계 탐험하기 _41

우리가 사는 동네, 태양계 _42

수성부터 해왕성까지 한 바퀴 _46

태양은 왜 항상 빛날까? _50

혜성, 소행성, 유성의 차이점 _54

NASA의 태양탐사선 '파커' 이야기 _56

우주 실습실 나만의 태양계 지도 만들기 _58

제3장 우주 택배차 - 우주로켓 이야기 _61

로켓은 어떻게 우주로 날아갈까? _62

로켓과 비행기의 차이점은? _64

제일 처음 만든 로켓은 무엇일까? _67

대한민국의 손으로 만든 우주 로켓 이야기 _76

누리호에는 어떤 비밀이 숨겨져 있을까? _79

우주 실습실 나만의 로켓 만들기 _82

제4장 인공위성은 하늘을 나는 과학자 _84

인공위성은 어떤 일을 할까? _86

날씨를 알려주는 위성, 지구를 지켜보는 위성 _88

우리나라의 위성들: 아리랑, 천리안, 차세대 위성 _94

큐브위성과 나노위성 _98

우주 실습실 나만의 위성 설계해 보기 _102

제5장 우주를 탐험하는 로봇과 탐사선 _105

사람이 가기 힘든 곳에는 로봇이 간다 _106

화성을 달리는 탐사 로봇 퍼서비어런스 _108

달을 탐험한 인도의 찬드라얀 _112

소행성 샘플을 가져온 일본의 하야부사 _114

우리나라의 달 탐사선 다누리 _117

우주 실습실 탐사 로봇에게 보내는 응원 편지 쓰기 _120

제6장 우주 정거장과 우주인의 생활 _123

국제우주정거장 ISS는 하늘 위의 실험실 _124

우주인은 어떻게 밥을 먹고 잠을 잘까요? _127

무중력에서 물은 어떻게 움직일까요? _130

우주에서도 운동은 꼭 필요해요 _132

우주인들은 어떻게 화장실을 갈까? _134

우주 실습실 나의 우주 생활 일기 써보기 _138

제7장 달과 화성, 그리고 저 멀리 _141

사람은 달에 정말 갔었을까? _142

다시 달로! NASA의 아르테미스 계획 _145

화성에 사는 날이 올까? _148

우주기지 건설 프로젝트: 달과 화성에 집 짓기 _151

우주에서 농사를 짓는 방법 _154

우주 실습실 내가 살고 싶은 우주마을 그리기 _158

제8장 우주 여행은 이제 꿈이 아니야 _161

민간 우주여행 시대의 시작 _162

일론 머스크의 스페이스 엑스와 스타쉽 _164

아마존의 블루 오리진, 버진 갤럭틱의 우주관광 _166

우주 호텔과 우주 엘리베이터는 가능할까? _169

나도 우주에 갈 수 있을까? _172

우주 실습실 나의 우주 승차권 만들기 _174

제9장 우주를 꿈꾸는 어린이 _177

우주비행사가 되려면 무엇을 준비해야 할까? _178

과학자, 엔지니어, 천문학자, 그리고 미래의 나 _180

지금 무엇부터 해야 할까? _182

나도 우주 개발의 주인공이 될 수 있어요 _184

우주 실습실 우주 탐사를 위한 오늘부터 해야 할 일 _186

에필로그_우주는 나의 힘 _188

제1장

우주는 얼마나 클까?

출처 : https://pixabay.com

우주에는 무엇이 있을까?

　우리가 사는 지구는 정말 크다고 느껴지지만, 우주에 비하면 아주 작은 점에 불과해요. 예를 들어, 빛은 1초에 지구를 7바퀴 반이나 돌 만큼 빠르게 움직이는데, 그런 빛이 우리은하를 한 바퀴 도는 데는 무려 2억 년이나 걸린답니다. 이처럼 우주의 크기는 상상 그 이상이에요.
　자 이제부터 우주를 바라볼까요? 우주를 바라보는 법은 너무 간단해요. 우선 깜깜한 곳을 찾아가요. 그리고는 고개를 들어 밤하늘을 봐요.

밤하늘 너머에는 무엇이 있을까요? 먼저 우리가 사는 지구는 태양을 중심으로 도는 여덟 개의 행성 중 하나예요.
이 행성들은 태양계라는 가족을 이루고 있어요. 그 주변에는 소행성, 혜성, 그리고 인공위성도 있어요.

출처 : NASA Homepage

밤하늘 너머에는 무엇이 있을까요? 우리가 사는 지구는 태양을 중심으로 도는 여덟 개의 행성 중 하나예요. 이 행성들은 태양계라는 가족을 이루고 있어요. 그 주변에는 소행성, 혜성, 그리고 인공위성도 있어요.

출처 : https://www.newscientist.com

우주는 단순히 '하늘'이 아니라, 상상도 할 수 없을 만큼 큰 공간이에요. 우주는 사람처럼 별들이 태어나서 자라고, 시간이 지나면 사라지는 끝없이 변화하고 있는 공간이에요.

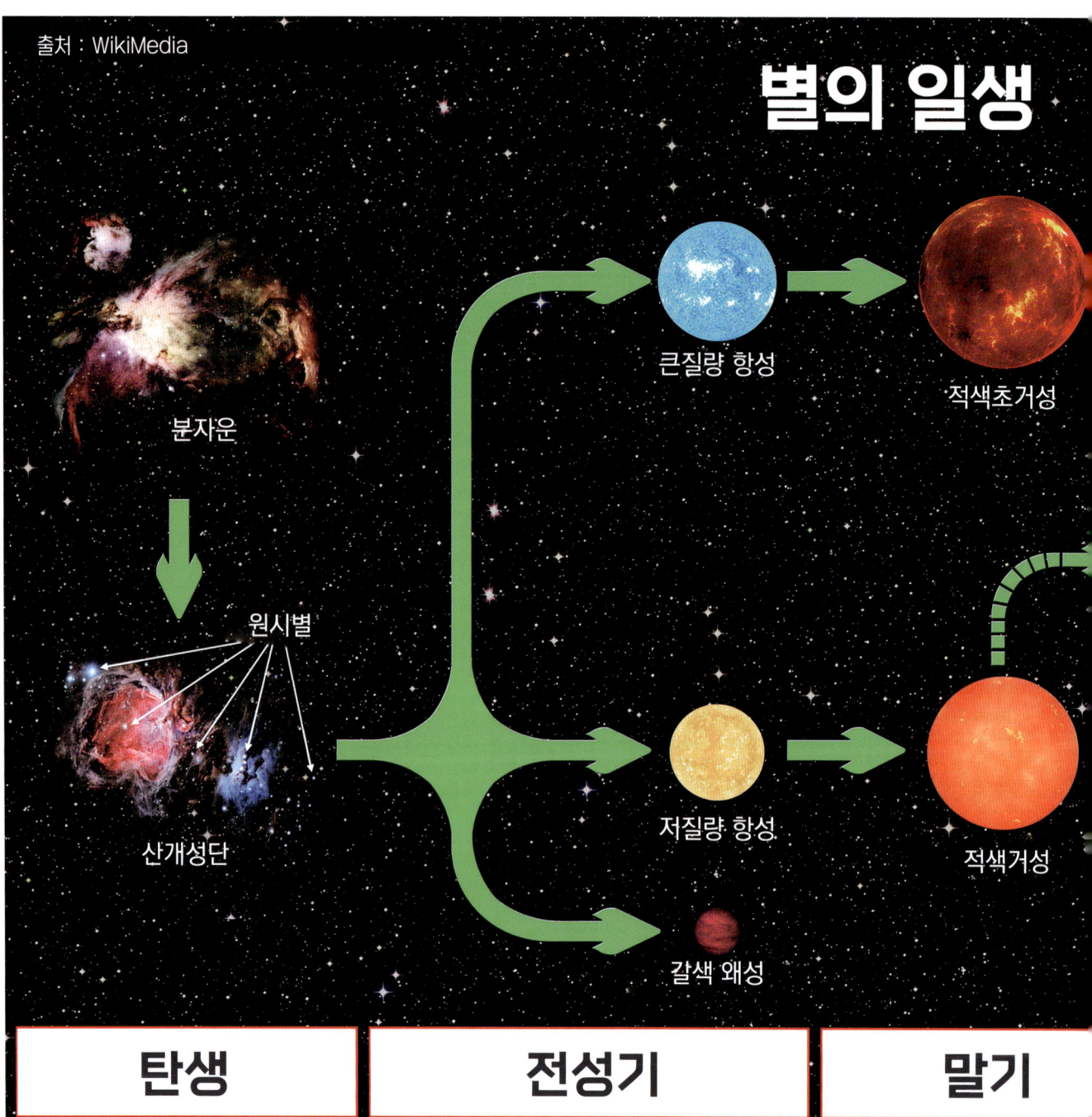

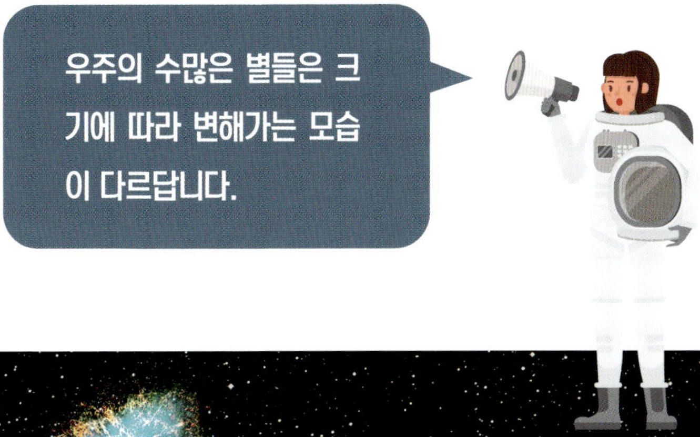

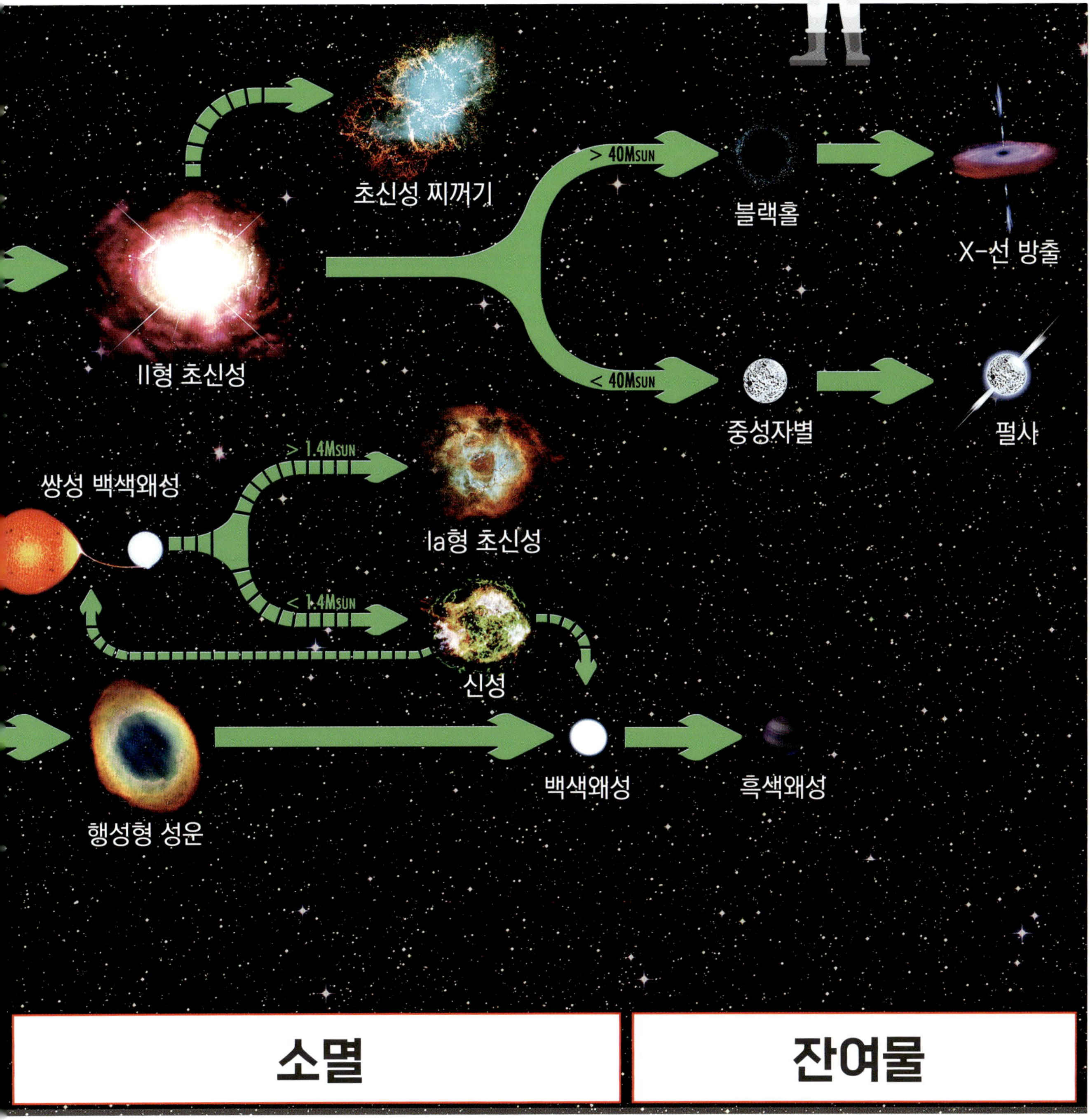

우리가 우주를 주제로 대화를 나눌 때 가장 많이 등장하는 소재는 무엇일까요? 네! 맞아요. 별이에요. 그럼 도대체 별은 무엇일까요?

별은 우주의 보석이에요. 태양도 하나의 별이죠. 별들은 엄청나게 뜨거운 가스로 이루어져 있고, 스스로 빛을 내요. 우주에는 태양보다 훨씬 크고 밝은 별도, 더 작고 어두운 별도 있어요. 별들은 혼자 있을 수도 있지만, 대부분은 여러 별들과 함께 모여 있어요.

별들이 수십억 개씩 모여 사는 집이 바로 '은하'예요. 우리 태양과 지구가 속한 은하는 '우리은하(은하수)'라고 부르죠. 은하는 수천억 개의 별들이 모인 커다란 별들의 마을이에요. 우리가 사는 우리은하는 둥글게 생긴 회전하는 원반처럼 생겼고, 옆에서 보면 접시 모양처럼 보여요. 이 안에 태양과 지구도 함께 돌고 있어요. 우주에는 이런 은하가 1,000억 개 이상이나 있어요! 각 은하에는 별, 행성, 블랙홀, 가스, 먼지 등 다양한 것들이 들어 있어요.

출처 : https://pixabay.com

우리가 지금 사용하는 휴대폰 이름 중에 '갤럭시'가 바로 '은하'를 뜻하는 영어 단어랍니다.

블랙홀은 우주에서 가장 신비로운 존재 중 하나예요. 블랙홀은 아주 큰 별이 죽을 때 생기는데, 블랙홀이 잡아당기는 힘이 너무 세서 우주에서 제일 빠른 빛도 빠져나올 수 없어요. 그래서 우리 눈으로 직접 블랙홀을 직접 볼 수는 없지만, 주변의 별이나 가스가 빨려 들어가는 모습을 통해 그 존재를 알 수 있어요. 우리은하 중심에도 아주 큰 블랙홀이 하나 있다고 해요. 블랙홀은 신기하기도 하지만, 동시에 우주의 비밀을 풀 수 있는 중요한 단서이기도 한답니다.

이렇게 우주에는 별, 은하, 블랙홀 같은 놀라운 것들이 끊임없이 움직이고 변화하며 살아 숨쉬고 있어요.

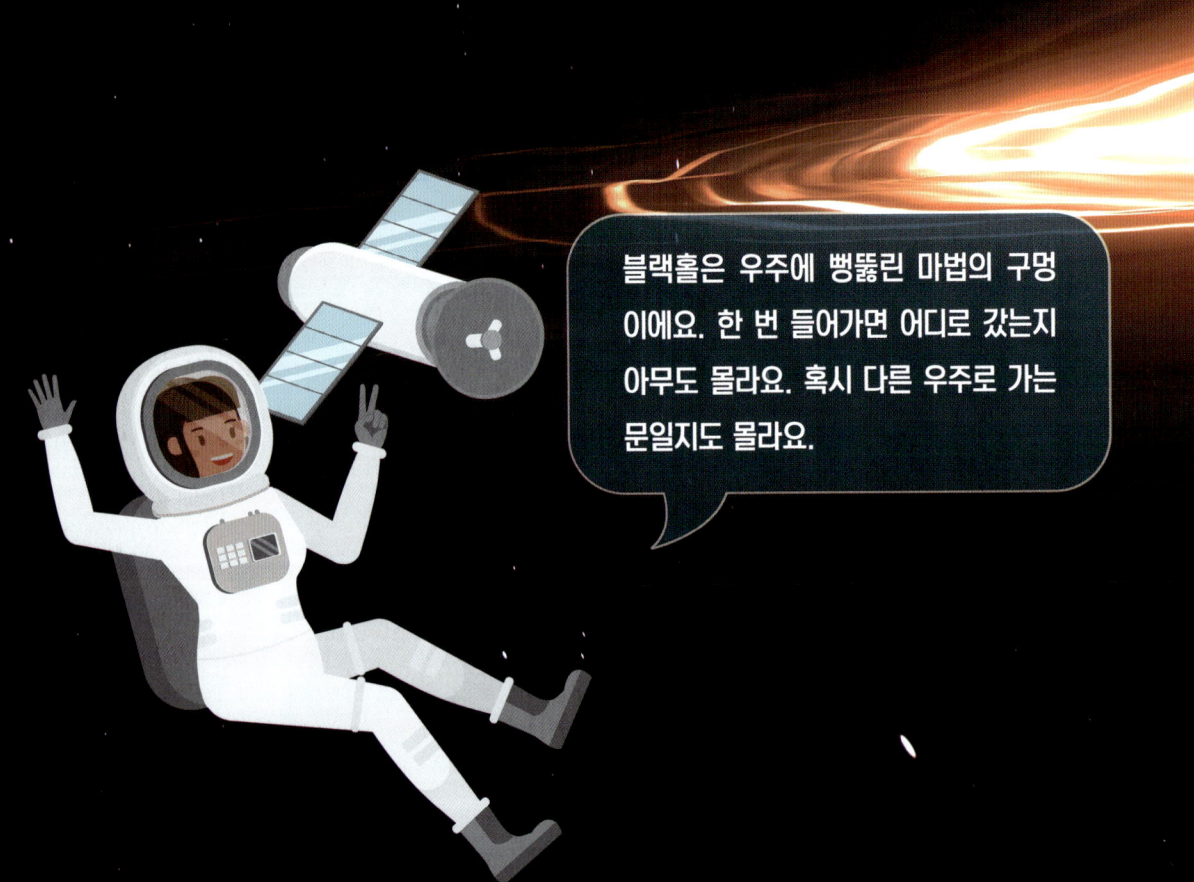

블랙홀은 우주에 뻥뚫린 마법의 구멍이에요. 한 번 들어가면 어디로 갔는지 아무도 몰라요. 혹시 다른 우주로 가는 문일지도 몰라요.

출처 : https://shutterstock.com

출처 : https://astro.kasi.re.kr

우주는 점점 커지고 있어요!

지금도 우리가 사는 우주는 우리가 상상할 수 없을 만큼 거대한데, 믿을 수 없겠지만 우주는 지금 이 순간에도 점점 커지고 있어요. 이것을 우주과학자들은 우주의 팽창이라고 불러요.
그렇다면 언제부터 우주가 커지기 시작했을까요? 아주아주 오래 전, 138억 년 전 우주는 지금처럼 크지 않았어요. 모든 것이 한 점에 꼭꼭 모여 있다가, 갑자기 '펑!'하고 터져서 지금처럼 팽창하게 되었죠. 마치 풍선을 불면 점점 커지듯이 말이에요. 이 '펑!'이 바로 빅뱅(Big Bang)이에요.

이 빅뱅 이후로 우주는 계속해서 커지고 있고, 지금도 우주에 있는 은하들이 서로 멀어지고 있다는 사실이 관측되었어요. 이 우주가 커지는 것을 쉽게 이해하려면 풍선을 생각해 보세요.

풍선에 점을 여러 개 찍고 불기 시작하면, 점들 사이의 거리가 점점 멀어지죠? 우주도 마치 풍선처럼, 모든 은하들이 서로 멀어지면서 점점 커지고 있어요.

미국의 천문학자 에드윈 허블은 말도 안 되지만 우주가 점점 커진다는 생각을 했고, 멀리 있는 은하일수록 더 빠르게 우리에게서 멀어지고 있다는 걸 발견했어요. 그래서 이 현상을 허블의 법칙이라고 부르죠. 우주가 시작된 이후 지금까지 점점 커지고 있어요. 그리고 더욱 신기하게도, 팽창 속도는 점점 빨라지고 있어요. 이 현상은 '암흑 에너지'라는 신비한 힘 때문이라고 과학자들은 추측하고 있답니다. 하지만 이렇게 우주가 커지는 현상이 언젠가는 멈출지, 계속될지, 아니면 다시 줄어들지도 아직은 아무도 몰라요. 우주는 너무 넓고 신비로워서, 지금도 수많은 과학자들이 이 비밀을 풀기 위해 연구하고 있어요. 현재까지는 우주의 크기는 정확히 알 수 없지만, 우리가 볼 수 있는 '관측 가능한 우주'의 크기는 지름이 약 930억 광년(1광년은 빛이 1년 동안 가는 거리)이에요. 하지만 실제 우주는 이보다 훨씬 더 클 수도 있어요.

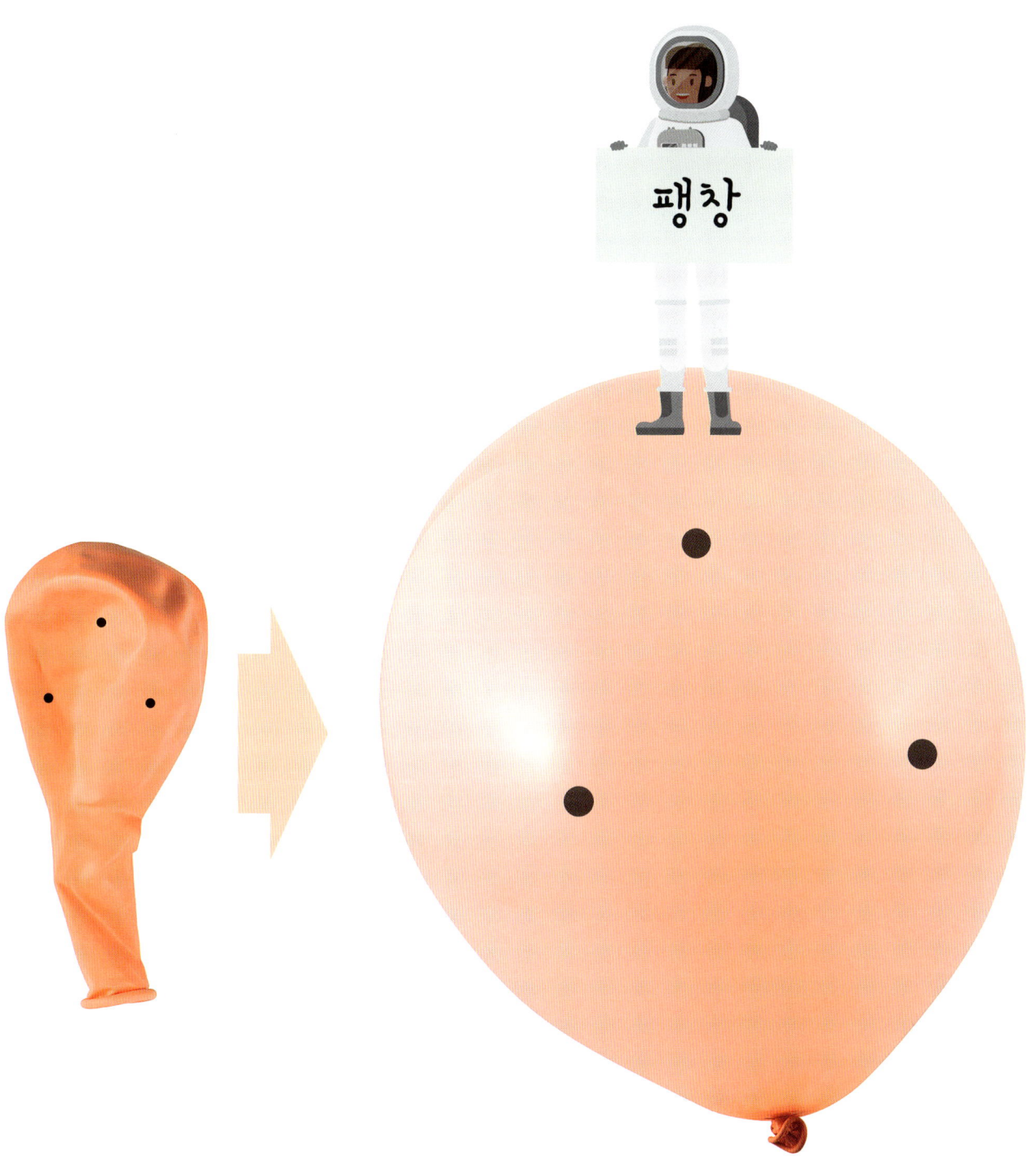

출처 : WikiMedia

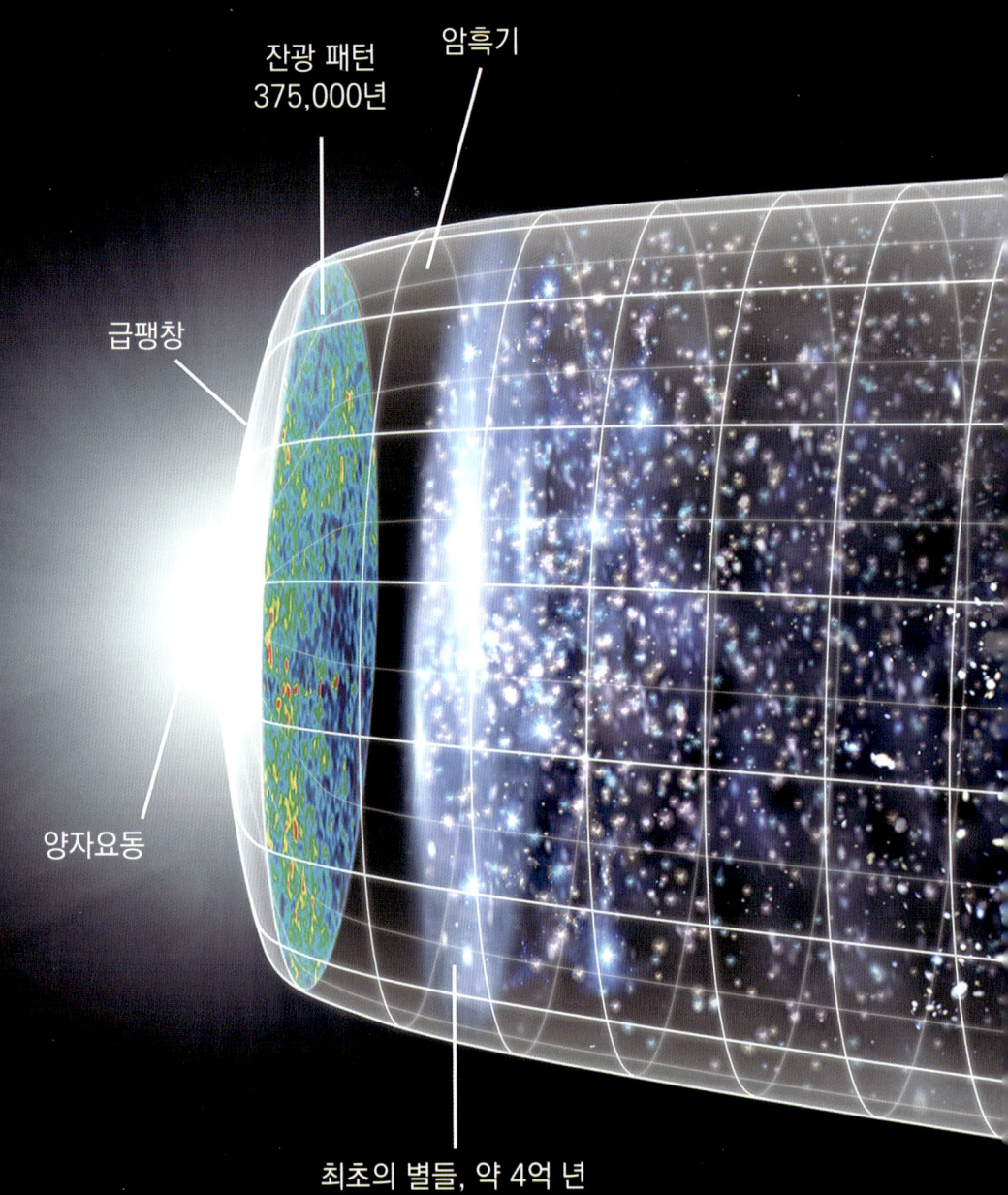

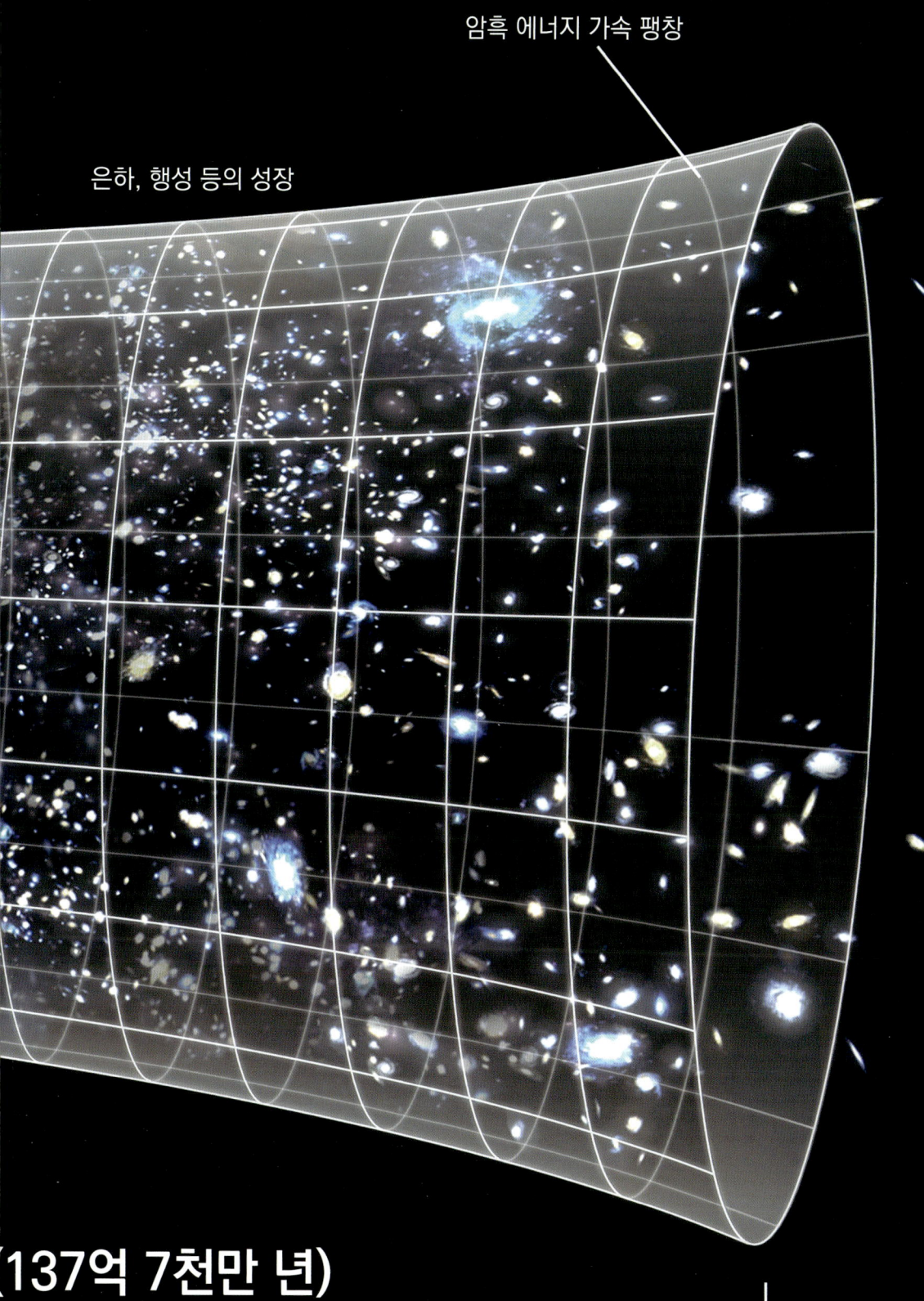

제임스 웹 우주망원경이 본 우주 탄생의 순간

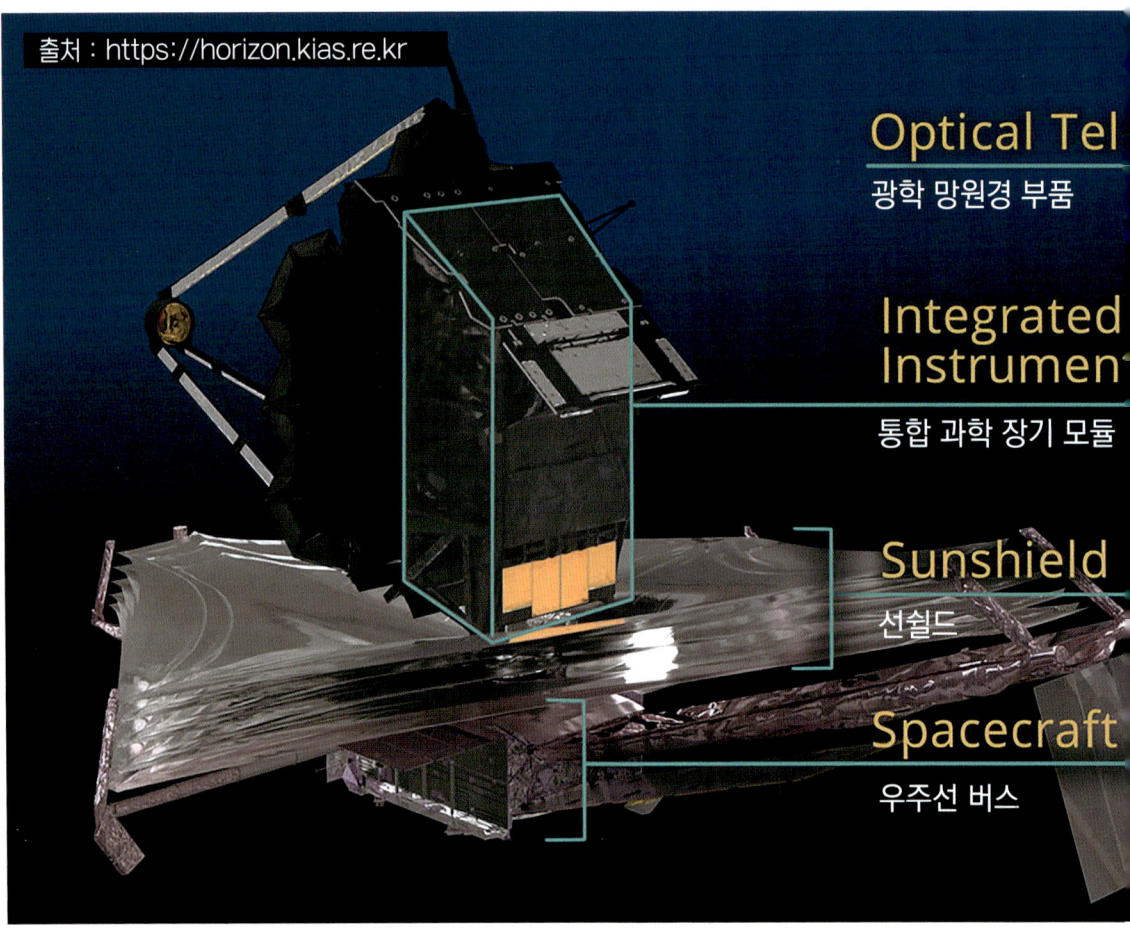

우리가 우주가 얼마나 크고 오래되었는지를 알기 위해서는 멀리 있는 별과 은하를 관찰해야 해요. 그런데 이처럼 멀리 있는 별과 은하를 지구에서 관찰하려면 정말 어려워요. 지구에는 불빛도 많이 있고, 먼지도 있고, 우주를 관찰하는 데 방해되는 것들이 많이 있어요. 그래서 과학자들은 아주 특별한 망원경을 만들었어요.

그것이 바로 제임스 웹 우주망원경(JWST)이에요.

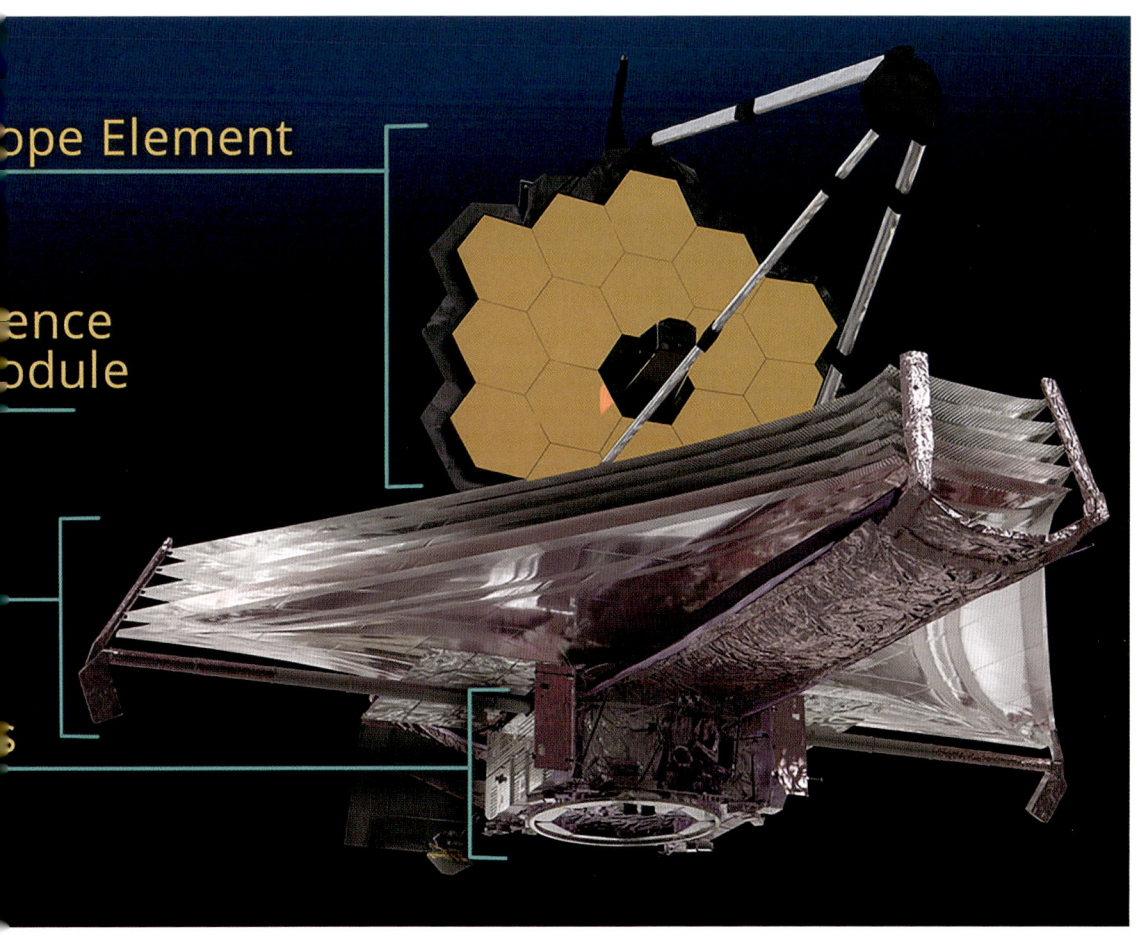

2021년 크리스마스에 발사된 제임스 웹 우주망원경(James Webb Space Telescope)은 지금까지 만들어진 망원경 중 가장 강력해요. 이 망원경은 지구에서 약 150만 km 떨어진 곳(L2 포인트)에서 우주를 관찰하고 있어요.

이 망원경은 우리가 지금까지 볼 수 없었던 먼 은하, 별의 탄생, 그리고 우주의 시작에 가까운 장면까지도 관찰할 수 있어요.

왜냐하면 우리가 우주를 관찰할 수 있는 가장 쉬운 방법은 빛을 통해서 관찰하는 것인데, 이 빛은 먼 거리를 이동할수록 오래 걸리기 때문에, 아주 멀리 있는 별을 빛을 통해서 본다는 건 사실상 과거를 보는 것과 같아요.

그래서 이 제임스 웹 망원경은 우주의 아기 시절, 즉 빅뱅 이후 수억 년 안에 생긴 은하들을 사진으로 찍었어요. 그 사진 속 은하는 지금과는 달리 작고 불완전했고, 별들이 막 태어나고 있었어요.

우리는 이 망원경 덕분에 우주가 어떻게 시작되었고, 별과 은하가 어떻게 만들어졌는지를 더 잘 알 수 있게 되었어요. 마치 우주의 타임머신을 타고 과거로 여행을 떠난 것 같죠.

자! 이제부터 우리가 사는 태양계라는 우주 동네에 대해서 알아봐요.

출처 : WikiMedia

제임스 웹 망원경으로 촬영한 우주의 모습이에요. 화면에 보이는 작은 원반 하나하나가 모두 은하랍니다.

우주 실습실

태양계 행성 크기 비교 그림 그리기

태양
태양의 크기를 1m라고 생각해 봐요.

실제 크기 : 1,391,000km

1AU : 태양과 지구 사이의 평균 거리로 1억 5천만 km랍니다.

수성
실제 크기 : 4,000km

눈금 크기 : 3.4mm

태양으로부터 평균 거리 : 0.4 AU

태양으로부터 거리척도 : 42m

금성
실제 크기 : 12,100km

눈금 크기 : 8.6mm

태양으로부터 평균 거리 : 0.7 AU

태양으로부터 거리척도 : 75m

지구
실제 크기 : 12,800km

눈금 크기 : 9.1mm

태양으로부터 평균 거리 : 1 AU

태양으로부터 거리척도 : 110m

화성
실제 크기 : 6,800km

눈금 크기 : 4.1mm

태양으로부터 평균 거리 : 1.5 AU

태양으로부터 거리척도 : 165m

토성
실제 크기 : 120,500km
눈금 크기 : 84mm
태양으로부터 평균 거리 : 9.5 AU
태양으로부터 거리척도 : 1km

이 사진대로 도화지에 따라서 그리고 오려낸 후 태양으로부터의 거리 척도를 활용하여 실제 떨어진 거리대로 배열해 보세요.

천왕성
실제 크기 : 51,100km
눈금 크기 : 34mm
태양으로부터 평균 거리 : 19 AU
태양으로부터 거리척도 : 2km

목성
실제 크기 : 143,000km
눈금 크기 : 100mm
태양으로부터 평균 거리 : 5.2 AU
태양으로부터 거리척도 : 560m

해왕성
실제 크기 : 49,500km
눈금 크기 : 33mm
태양으로부터 평균 거리 : 30 AU
태양으로부터 거리척도 : 3km

혹시 우리 태양계에 우리가 모르는 지구와 같은 행성이 또 있지 않을까요?

제2장

태양계 탐험하기

출처 : https://shutterstock.com

우리가 사는 동네, 태양계

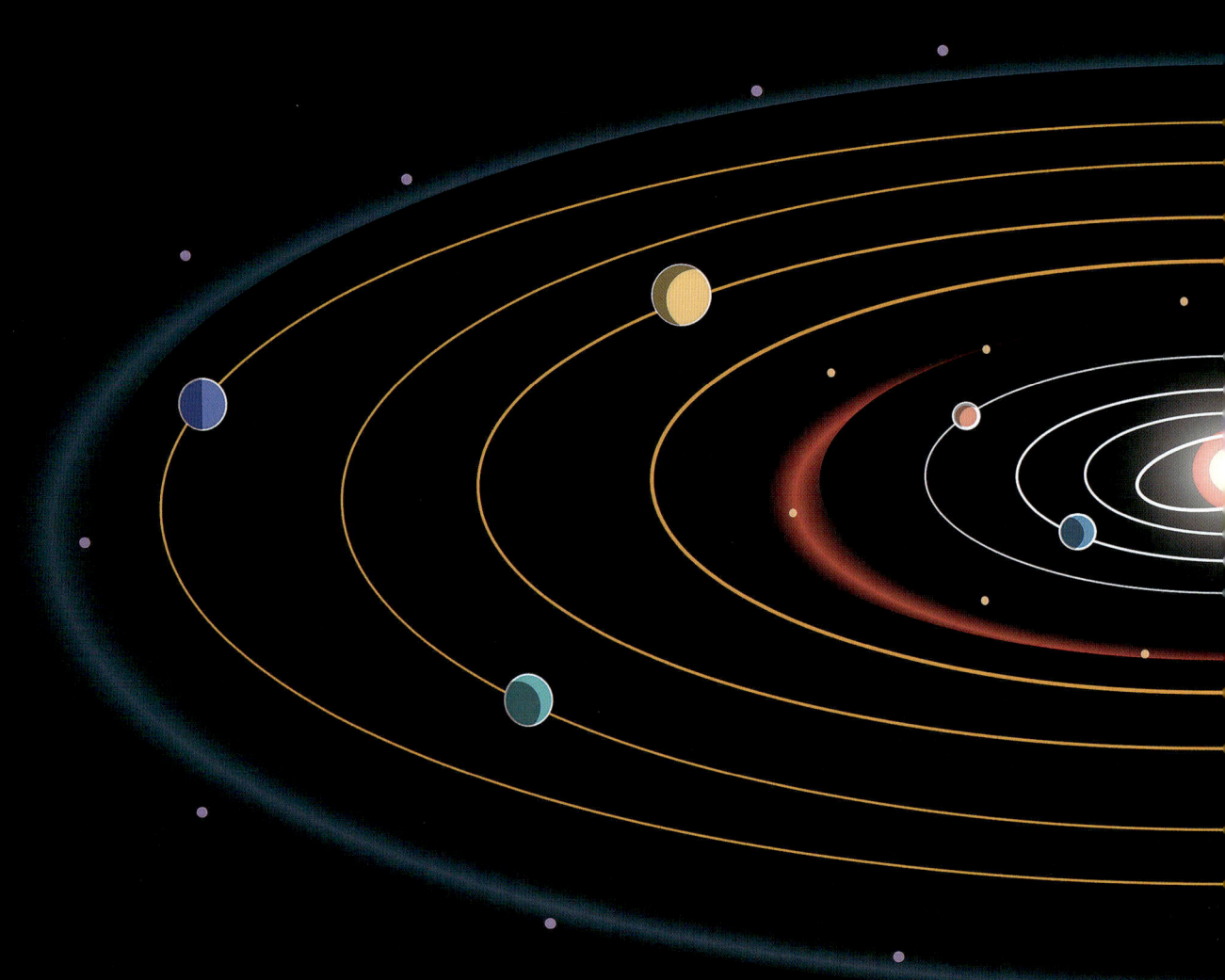

우리 지구가 속한 태양계는 태양을 중심으로 여덟 개의 행성이 공전하고 있는 우주 공간이에요. 마치 태양을 중심으로 여러 형제가 손을 잡고 원을 그리며 도는 모습처럼요. 이곳은 우리가 살고 있는 '우주 동네'예요.

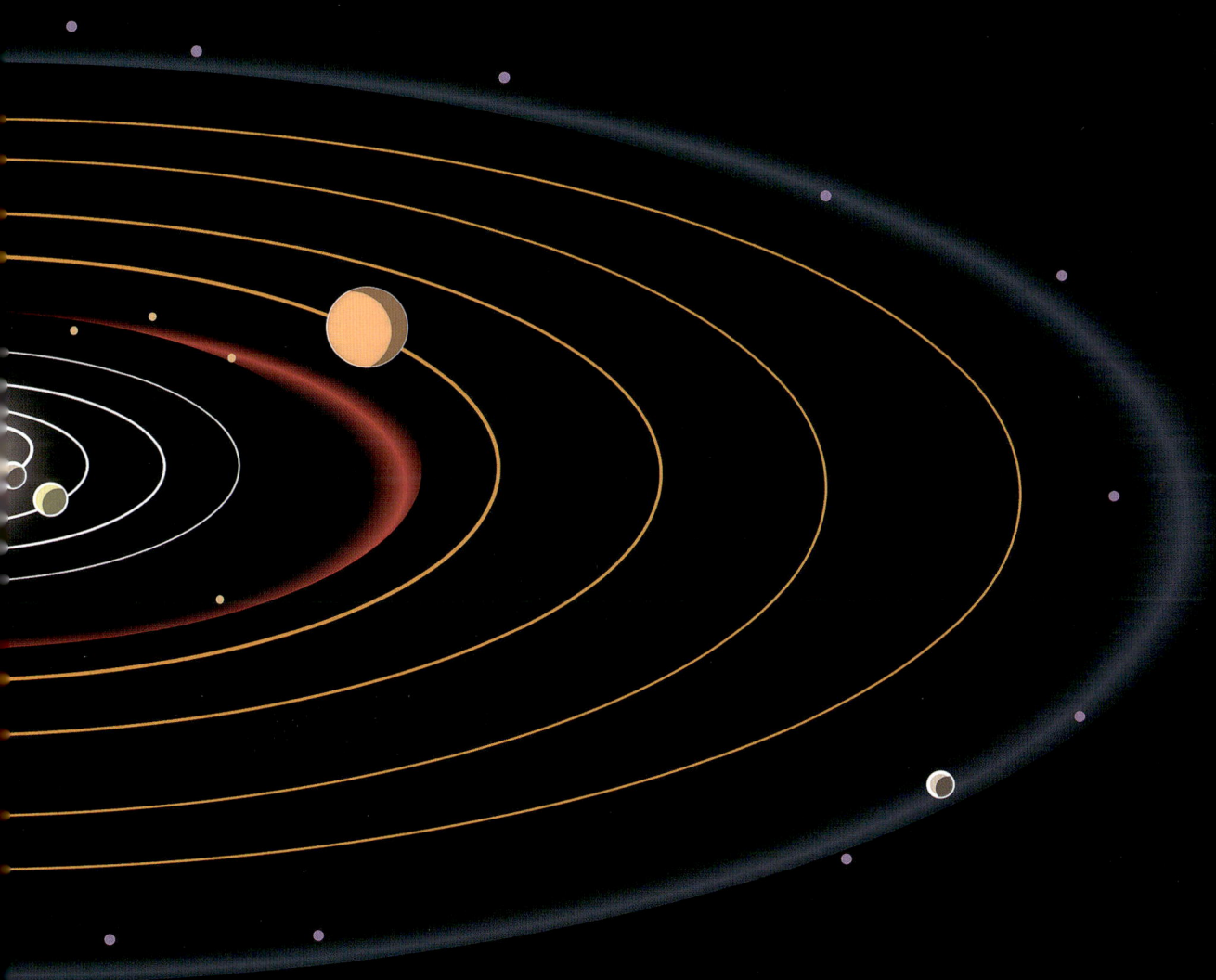

출처 : https://shutterstock.com

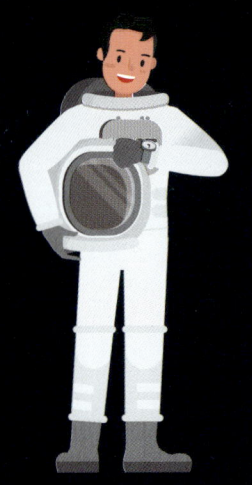

우리 태양계 가족들이 이렇게나 많이 있어요!

인공위성

수성 금성 지구 화

태양

태양계라는 우리 동네에 살고 있는 주민에 대해 알아볼까요?

태양계에는 행성 외에도 위성, 소행성, 혜성, 유성, 먼지, 얼음, 그리고 사람의 손으로 만든 인공위성까지 다양한 것들이 있어요. 이 모든 것들은 태양이 잡아당기는 힘에 이끌려 움직이고 있답니다.

출처 : https://shutterstock.com

수성부터 해왕성까지 한 바퀴

태양계에서 우리 지구와 같은 이웃들을 행성이라고 부르는데, 태양이 중심에 있고 태양에서 가까운 순서로 보면 수성, 금성, 지구, 화성, 목성, 토성, 천왕성, 해왕성이 있어요.

수성 : 태양과 가장 가까운 작고 빠른 행성이에요.
금성 : 지구와 비슷하지만 바깥에는 두꺼운 이산화탄소가 가득해서 무척이나 뜨겁답니다.
지구 : 우리가 살고 있는 생명이 살 수 있는 유일한 행성이죠.
화성 : 붉은 색으로 보이는 행성으로, 로봇들이 탐사를 하고 있어요.

수성

금성

지구

화성

목성 : 태양계에서 가장 큰 행성으로, 조금만 더 컸으면 태양처럼 스스로 빛을 낼 수도 있었을 거예요.

토성 : 아름다운 고리로 유명하죠.

천왕성 : 옆으로 누운 채 자전하는 독특한 행성이에요.

해왕성 : 태양계에서 가장 멀리 있는 파란 행성이에요.

이 모든 행성은 저마다 다른 성격과 특징을 가지고 있어요. 마치 우리 가족들처럼 말이지요.

목성

출처 : WikiMedia

토성

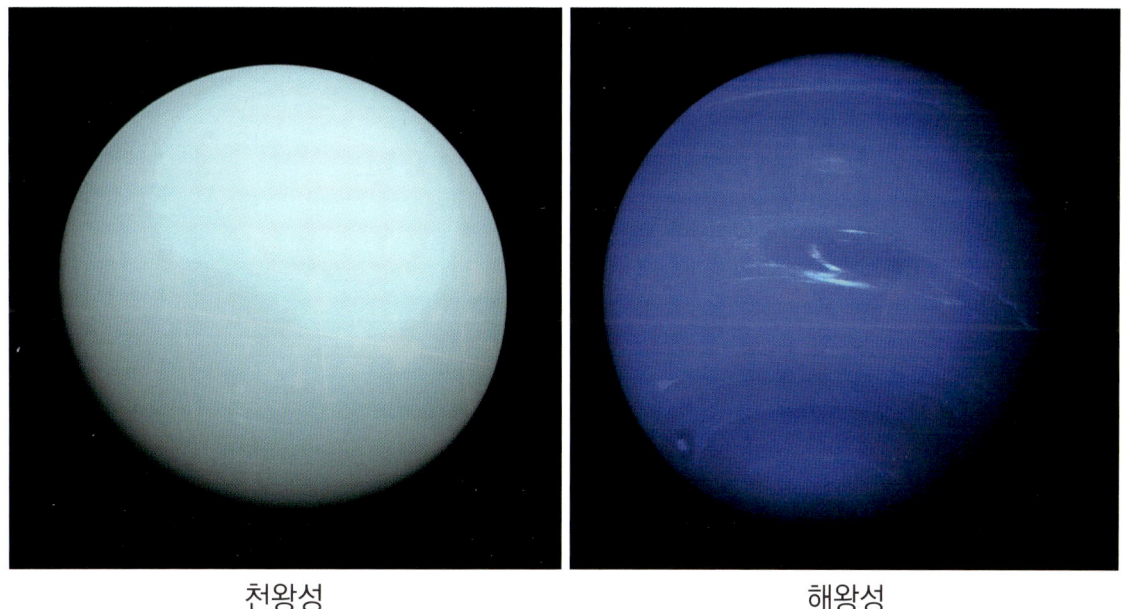

천왕성 　　　　　　　　　　　　해왕성

제2장 태양계 탐험하기 **49**

태양은 왜 항상 빛날까?

태양은 거대한 불덩어리예요. 태양 속에서는 매 순간 핵융합이라는 현상이 일어나고 있어요. 이 핵융합은 원자라고 부르는 아주 작은 것들 중에 '수소' 원자가 서로 합쳐져 '헬륨' 원자로 바뀌며 엄청난 에너지를 만들어 내는 것이에요. 우리가 볼 수 있는 햇빛은 바로 이 에너지가 빛과 열이 되어 지구까지 도달하는 거예요.

출처 : https://pixabay.com

이런 엄청난 일이 일어나고 있는 태양 안쪽에는 이런 것들이 있어요.

핵(core) : 태양의 중심

복사층(radiative zone): 에너지가 조금씩 바깥으로 퍼져가는 곳

대류층(convective zone): 뜨거운 가스가 대류하면서 에너지를 옮기는 곳

표면(광구) : 우리가 볼 수 있는 태양의 부분

태양은 지구와 태양계에 빛과 따뜻함을 주는 중요한 별이에요. 하지만 수십억 년 후에 수소 연료가 다하면 마지막 폭발을 하고 사라질 거라고 이야기해요. 그때가 되면 우리는 아마 지구가 아닌 다른 곳에서 살고 있지 않을까요?

태양의 안쪽은 온도가 무려 1,500만 도나 된답니다.

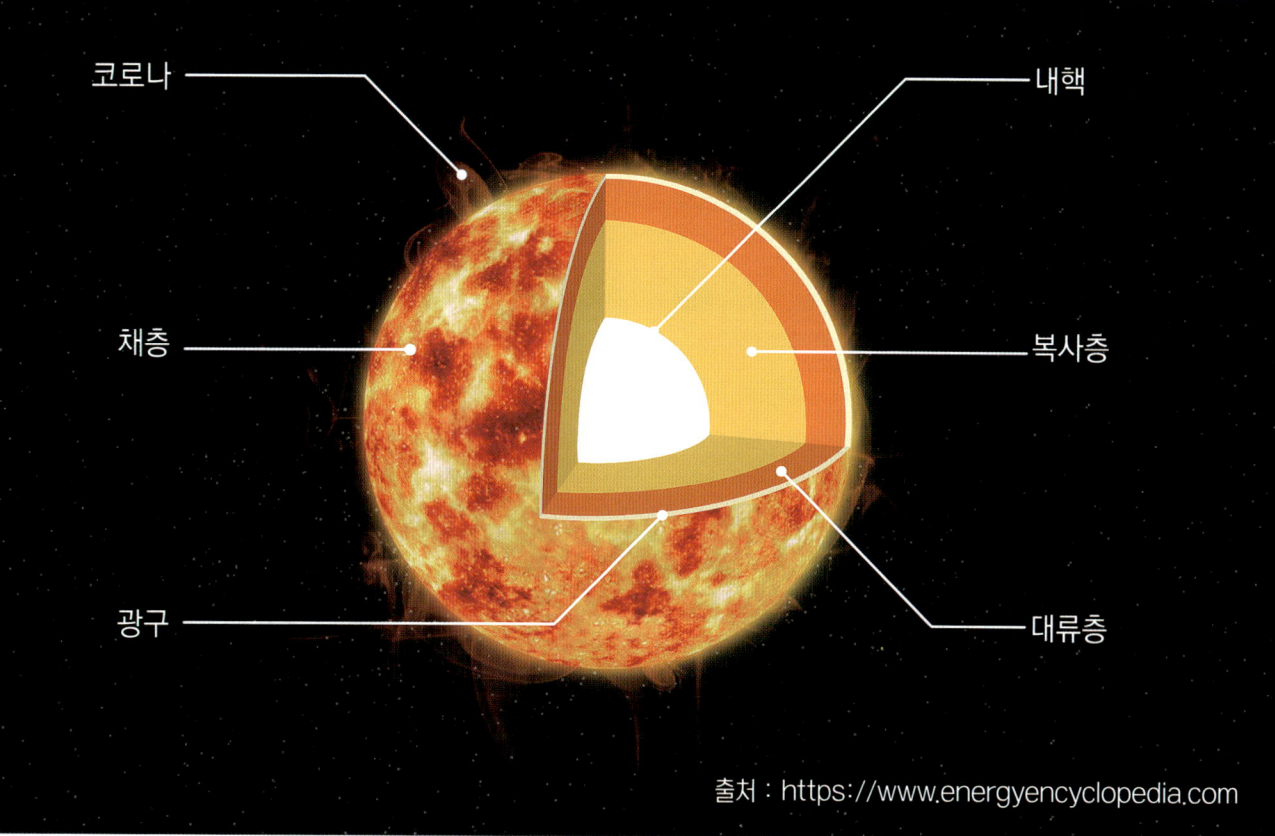

혜성, 소행성, 유성의 차이점

태양계에는 행성이라는 이웃들 말고도 작은 이웃들이 떠다녀요. 그 중에서 혜성, 소행성, 유성은 자주 헷갈리는 천체들이에요.

- **혜성** : 얼음과 먼지로 이루어져 있어요. 태양 가까이 다가가면 꼬리가 생겨요.
- **소행성** : 주로 화성과 목성 사이에 많이 있는 돌덩이들이에요.
- **유성** : 지구 대기권으로 떨어진 소행성 조각이 불에 타며 생기는 별똥별이에요.

이 세 가지 모두 우주의 '부스러기' 같은 존재지만, 이 부스러기는 우주의 신비를 알아낼 수 있는 중요한 연구 대상이에요.

소행성 vs 유성 vs 혜성 vs 운석
AMERICAN METEOR SOCIETY - WWW.AMSMETEORS.ORG

혜성
살별. 얼음, 먼지, 돌가루, 고체상태의 기체로 만들어진 태양계의 소천체이다. 가끔 잘게 부서지고 쪼개지면서, 작은 잔재들을 뿌리고 간다.

소행성
우주 공간에 돌아다니는 철, 얼음 파편들로 이루어진 것.

유성체
크기가 작은 소행성.

유성우
별똥별 비. 지구가 공전하며 우주에 있는 잔재들(예를 들면, 혜성이 남긴 잔재들)을 지나가면서 일어나는 정기적인 현상. 지구에서 마치 이것이 유성들이 비처럼 내린다고 해서 유성우란 이름이 붙었다.

유성
별똥별. 유성이나 소행성이 지구 대기권에 진입할 때 발생하는 빛.

화구
불꽃 별똥. 유성 중, 금성보다도 더 밝게 빛나는 것을 말한다.

폭발화구
소리 별똥. 유성 중, 지구 대기권에서 폭발하는 것을 말한다.

운석
별똥돌. 유성체나 소행성의 잔재. 지구 대기권까지 살아남아서 지표면에 착륙한 유성체나 소행성을 말한다.

출처 : AMS   ankey - Design: Vincent Perlerin for AMS - 2015 © AMS

NASA의 태양탐사선 '파커' 이야기

태양을 가까이에서 연구하기 위해 NASA는 아주 특별한 우주선을 보냈어요. 그게 바로 파커 태양 탐사선(Parker Solar Probe)이에요. 2018년에 발사되어 태양에 아주 가까이 가서 코로나를 직접 탐사하고 있어요.

파커는 앞으로도 몇 년 동안 태양을 돌며 더욱 깊은 비밀을 알려줄 거예요. 아주 뜨거운 태양 근처를 돌 수 있도록 특수한 방열판으로 보호되어 있답니다.

태양계는 우리가 사는 지구만큼이나 흥미롭고 신비한 이웃들로 가득 차 있어요. 태양은 매일 우리를 비추는 아주 특별한 별이죠. 그 주변을 도는 수

NASA의 태양탐사선 솔라 파커

많은 천체들, 혜성과 소행성들, 그리고 이를 탐사하는 파커 탐사선까지!
우리는 매일 밤하늘을 올려다보면서 이 놀라운 '태양계 동네'를 더 깊이 알고 이해할 수 있어요.

자! 그럼 지금부터 우주로 택배 차량처럼 물건과 인공위성을 실어나르는 로켓의 비밀을 알아보러 가요!

우주 실습실

나만의 태양계 지도 만들기

행성 이름 :
외계인 이름 :
특징 :

행성 이름 :
외계인 이름 :
특징 :

행성 이름 :
외계인 이름 :
특징 :

행성 이름 :
외계인 이름 :
특징 :

행성 이름 :
외계인 이름 :
특징 :

행성 이름 :

외계인 이름 :

특징 :

행성 이름 :

외계인 이름 :

특징 :

행성 이름 :

외계인 이름 :

특징 :

행성 이름 :

외계인 이름 :

특징 :

출처 : https://pixabay.com

제3장

우주 택배차 – 우주로켓 이야기

> 10, 9, 8 ······ 3, 2, 1
> 발사~~!

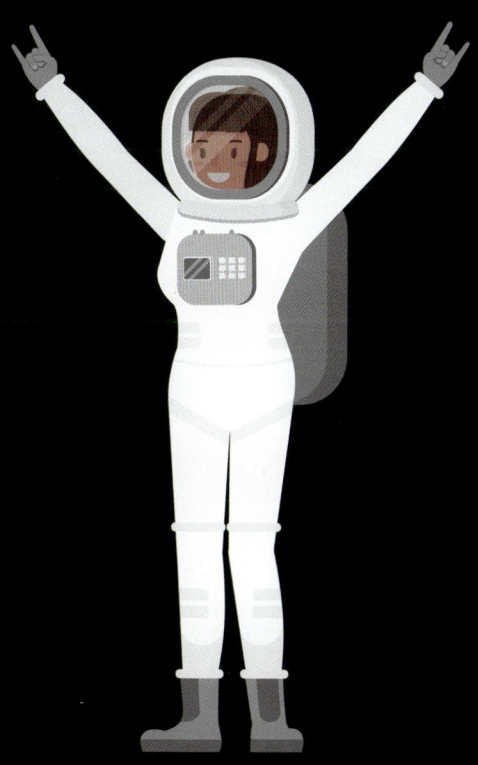

로켓은 어떻게 우주로 날아갈까?

로켓은 하늘을 향해 곧게 솟구치며 우주로 날아가는 특별한 탈것이에요. 로켓이 날아가는 원리는 바로 '작용과 반작용'이라는 과학 법칙이에요. 쉽게 말해, 아래로 강하게 뿜어낸 가스가 위로 로켓을 밀어 올리는 거예요. 로켓 안에서는 연료를 태우면서 가스를 빠르게 분출시키고, 이 힘으로 중력을 이기고 하늘로 올라가는 거죠. 우리는 배속에 있는 가스를 밖으로 내보내기 위해 방귀를 뀌죠? 그 방귀와 같은 원리로 로켓이 발사된다고 생각하면 얼마나 큰 힘이 필요한지 상상이 되죠? 그만큼 우주 로켓을 만드는 일은 어려운 일이랍니다.

출처 : https://www.kari.re.kr

로켓과 비행기의 차이점은?

대부분의 비행기는 하늘을 날기 위해서는 연료를 태워야 해요. 그러면 연료를 태우기 위해서는 무엇이 필요할까요? 일단 연료가 필요하죠. 그 다음으로는 연료를 태울 정도의 열이 필요해요. 그리고 연료를 태우려면 산소가 있어야 하는데, 우주 공간에는 산소가 없어요. 그럼 우주 로켓은 우주에서 어떻게 연료를 태워 비행을 할까요?

지구에서 하늘을 나는 비행기는 공기 속의 산소를 이용해서 날 수 있지만, 로켓은 공기가 없는 우주에서도 날 수 있어요. 왜냐하면, 로켓은 자신이 쓸 산소까지 모두 싣고 우주로 올라가기 때문이죠. 반면에 비행기는 공기 중의 산소를 이용해서 날기 때문에 우주에서는 사용할 수 없어요.

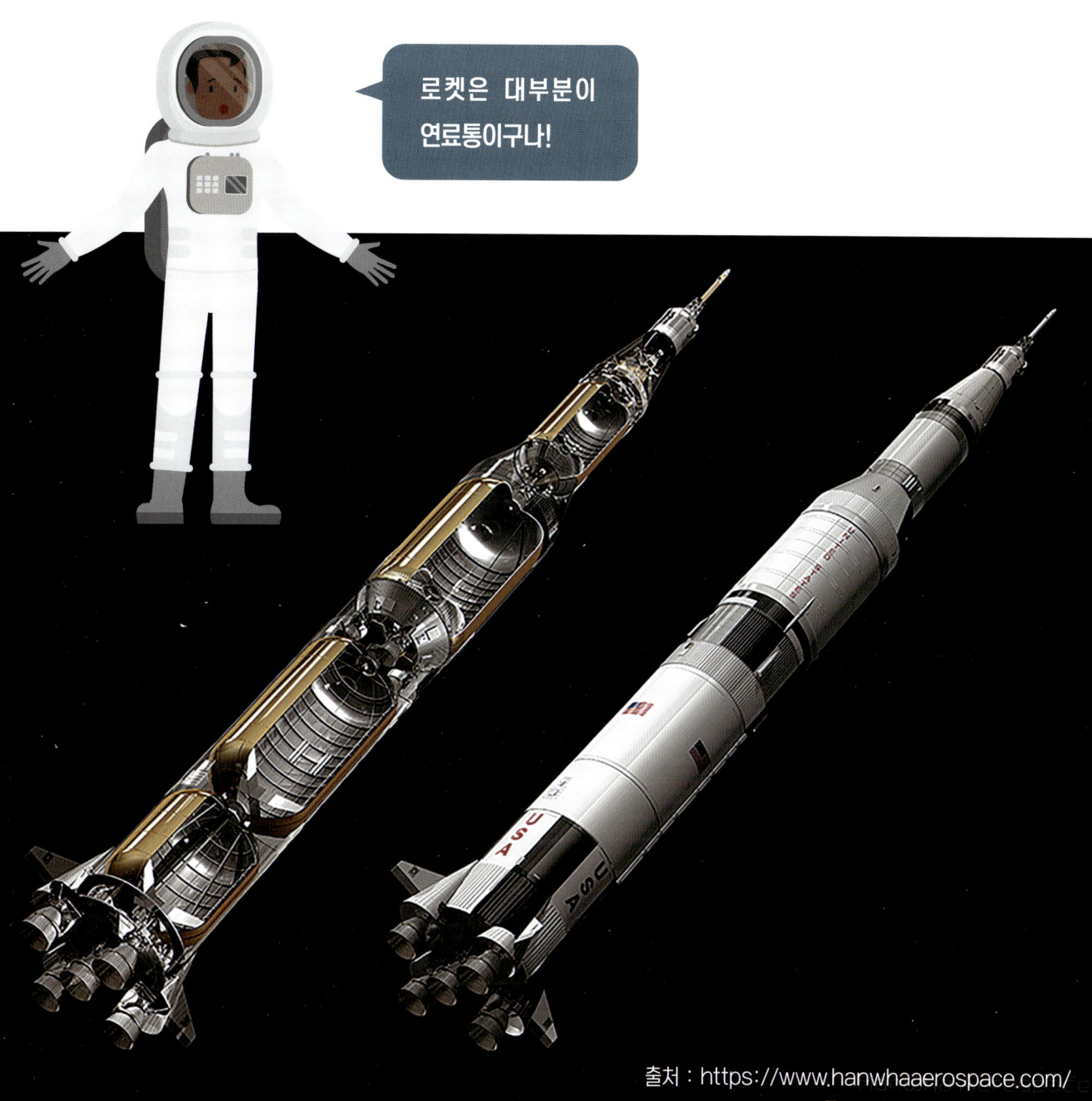

출처 : https://www.hanwhaaerospace.com/

또한 비행기는 날개로 양력을 만들어 떠오르지만, 로켓은 날개 없이도 연료의 추진력만으로 날아오를 수 있어요. 그래서 로켓은 수직으로, 비행기는 수평으로 이륙하는 모습도 다르답니다.

출처 : https://unsplash.com

제일 처음 만든 로켓은 무엇일까?

로켓의 역사는 아주 오래되었어요. 처음에는 전쟁을 하기 위해 화살을 닮은 작은 화약 추진체로 시작했죠. 중국에서는 불꽃놀이의 원조인 '화약 로켓'을 사용했고, 이후 유럽에서도 군사 목적으로 사용하기 시작했어요.

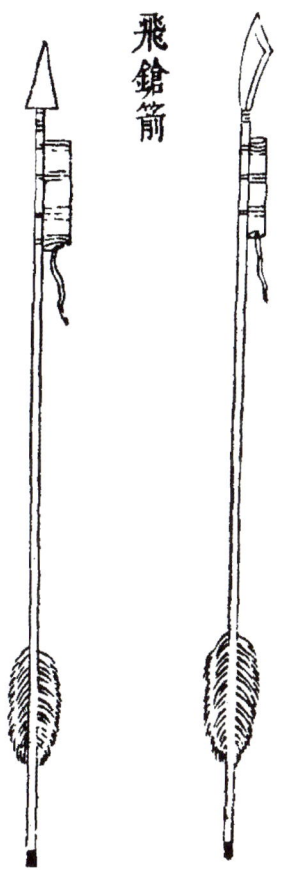

진짜 과학적인 의미의 로켓은 20세기 초 미국의 과학자 로버트 고다드가 만든 액체연료 로켓이에요. 고다드의 이 발명은 우주 탐사의 시작을 알리는 신호탄과도 같았어요.

로버트 고다드의 액체연료 로켓

그 후 1940년대에 독일에서는 'V2 로켓'을 개발했고, 이것이 인류 역사상 최초로 우주의 가장자리에 도달한 로켓이 되었어요. 비록 전쟁 중에 개발되었지만, 성능이 매우 좋았어요.

당시에 전 세계에서 가장 힘이 센 두 나라가 있었는데, 바로 미국과 러시아(옛 소련)였어요. 이 두 나라는 이 V2 로켓을 탐내기 시작했어요. 제일 먼저 미국이 V2 로켓을 만든 연구원들을 데리고 미국으로 가서 이 로켓을 이용해서 우주 개발을 하려고 했고, 한 발 늦게 독일에 도착한 러시아는 로켓 공장에서 일하던 일꾼과 공장에 있던 설비를 가지고 러시아로 갔어요. 그때부터 미국과 러시아가 본격적으로 우주 개발 경쟁을 시작했어요.

이 두 나라의 자존심이 달린 우주 개발에서 제일 먼저 우주에 도착한 나라는 어디일까요? 바로 러시아입니다. 러시아에서 1957년에

출처 : WikiMedia

독일의 V2 로켓

R7이란 로켓을 이용해서 스푸트니크 1호라는 인공위성을 우주에 올려놓게 됩니다. 그 인공위성은 축구공 정도 크기만 하고 안테나가 4개 달린 인

러시아의 스푸트니크

공위성이지만 인류가 처음으로 우주에 올려놓은 물건이에요.

그리고 바로 우주에 사람을 보내고 싶었지만, 한 번도 가보지 못한 우주에 사람을 보낼 수가 없어서 동물을 먼저 보내려고 두 나라가 연구를 합니다. 그럼 이 두 나라 중에 어느 나라가 먼저 살아있는 동물을 우주에 보냈을까요? 이번에도 바로 러시아입니다. 1957년도에 다시 러시아에서 우주기지 주변을 돌아다니던 동네 강아지였던 라이카를 인공위성에 실어서 우주

최초의 우주견, 라이카

로 보내게 됩니다.

이제는 두 나라가 사람을 우주로 보내려고 서로 더 경쟁하기 시작해요. 이 두 나라 중에 어느 나라가 제일 처음으로 우주 공간에 사람을 보내게 되었을까요? 다시 러시아입니다. 러시아의 공군 조종사였던 유리 알렉세예비치 가가린이 보스토크 1호라는 우주 캡슐에 탑승해서 우주에 올라갔다가 다시 무사히 지구에 도착하게 됩니다. 잘 생각해 보자고요. 사람이 만든 물건도, 살아있는 동물도, 사람도 모두 러시아에서 미국보다 먼저 우주에 보내게 되니까 미국은 너무나 러시아를 이기고 싶어 했어요.

이제껏 지구에 생명체가 태어난 지 38억 년 동안 인류는 한 번도 지구를 떠나 다른 천체에 가본 적이 없었지요. 그래서 지구에서 가장 가까운 이웃에 사람을 보내려고 노력하기로 합니다. 그곳이 바로 어디냐 하면 바로 바로 달입니다.

달에 사람을 보내기 위해 미국은 세턴 5호를 개발했고, 러시아도 N1이라는 로켓을 개발하고 있었어요.

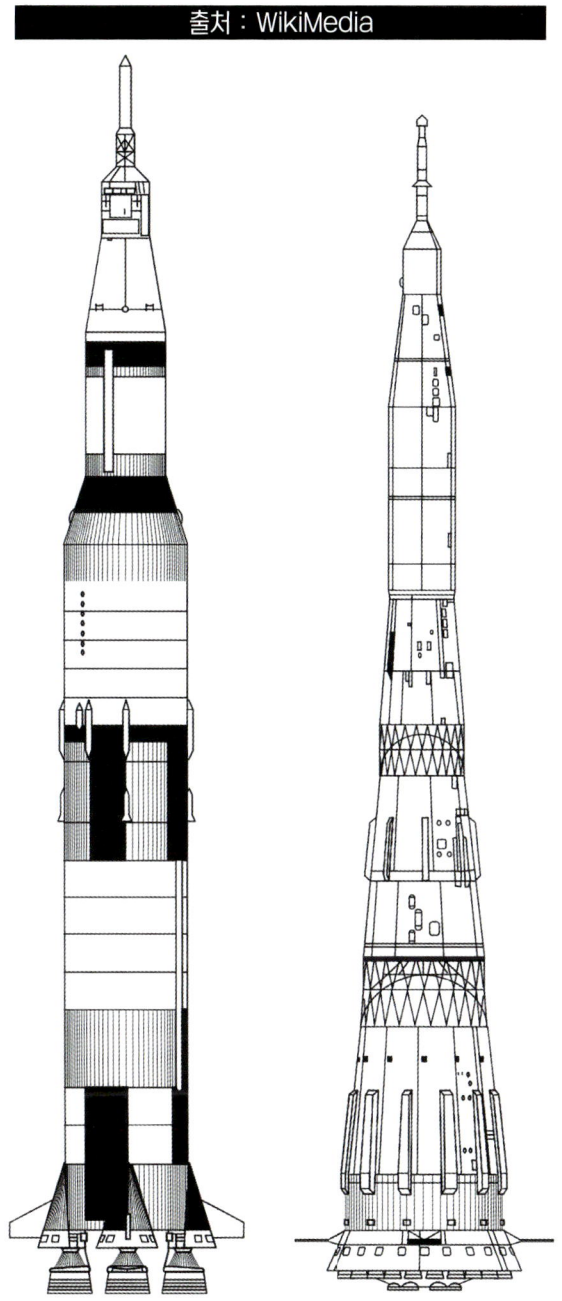

세턴 5와 N1

이번에는 어느 나라가 달에 사람을 보내게 되었을까요? 이번에는 바로 미국입니다. 미국이 닐 암스트롱, 버즈 올드린, 마이클 콜린스라는 3명의 우주인을 달로 보내서 착륙에 성공했고, 무사히 지구로 돌아오게 됩니다.

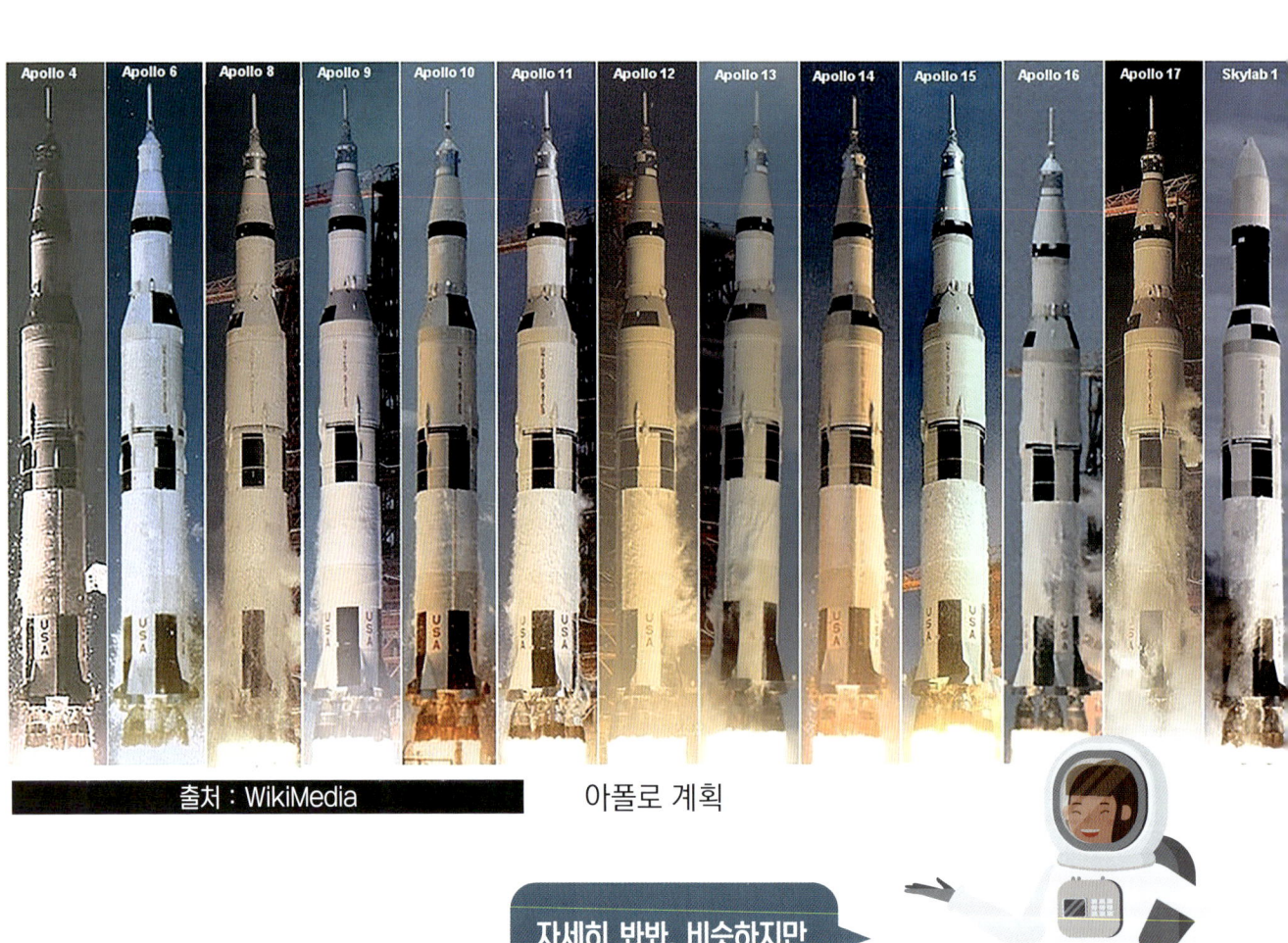

아폴로 계획

자세히 봐봐, 비슷하지만 조금씩 차이가 있어!

아폴로 11호의 승무원들, 닐 암스트롱, 마이클 콜린스, 버즈 올드린

이후에 달에는 12명의 우주인이 다녀오게 됩니다. 그런데 이렇게 서로 경쟁하면서 우주개발을 하기보다는 서로 도와가면서 우주개발을 하자는 생각을 모든 나라들이 하게 되면서 이제는 전 세계 국가들이 서로 도와가면서 우주 개발을 하게 되었지요.

대한민국의 손으로 만든 우주 로켓 이야기

우리나라에서도 우주를 향한 꿈은 계속되어 왔어요. 1993년에 한국 관측 로켓(KSR-1)을 시작으로 해서 로켓 개발을 추진하게 되지요. 그리고 드디어 2013년 1월 30일에 한국 최초의 우주 발사체 나로호(KSLV-1)가 성공적으로 발사되었어요.

이 로켓은 한국과 러시아가 함께 개발해서 발사하게 되지요. 그리고 드디어 2021년, 완전히 순수 국내 기술로 만든 누리호(KSLV-2)가 등장했어요. 누리호는 3단 로켓으로, 인공위성을 우주 궤도에 올릴 수 있는 능력을 가지고 있어요.

와! 대한민국 첫 우주발사체 나로호 발사 성공이다!

나로호 발사 장면

누리호에는 어떤 비밀이 숨겨져 있을까?

    누리호에는 정말 많은 과학과 기술이 담겨 있어요. 연료는 액체 산소와 케로신을 사용하고, 엄청난 추진력을 가진 1단 엔진이 4개나 있어요. 이 엔진들이 동시에 작동하면서 로켓을 우주로 밀어 올려요.

    누리호는 75톤급 엔진을 활용하고, 3단 분리를 통해 원하는 고도까지 정확하게 인공위성을 보낼 수 있어요. 또, 날씨와 바람을 고려해서 발사 시간을 정확히 맞추는 것도 중요하죠.

    이제 한국도 우주 로켓을 만들어 인공위성을 우주로 보내는 나라가 되었어요. 앞으로는 달이나 화성으로 가는 도전도 계속될 거예요. 우주 택배차, 누리호! 우리의 꿈을 우주로 실어 나르는 멋진 친구랍니다.

출처 : 나무위키

3단(7톤급×1기)
7톤급 터보펌프식 엔진

2단(75톤급×1기)
7톤급 터보펌프식 엔진

1단(75톤급×4기)
75톤급 터보펌프식 엑체엔진
클러스터링

누리호의 세부 구조

자 그럼 이제부터는 우주로켓이 우주로 배달하는 것 중에 가장 많은 수를 차지하는 인공위성에 대해 알아보자구요.

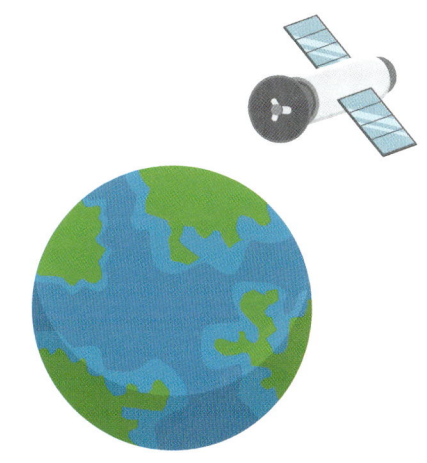

왜 우리 누리호에는 엔진이 6개나 있을까?

우주 실습실

나만의 로켓 만들기

연필 주위를 종이로 감싸요.

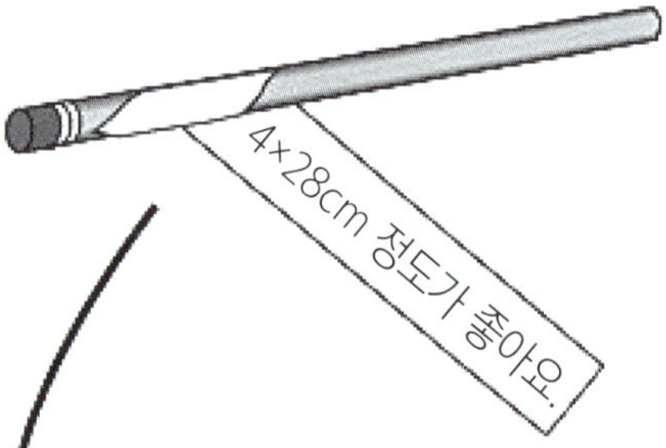

4×28cm 정도가 좋아요.

처음, 중간, 끝부분을 테이프로 감싸줘요.

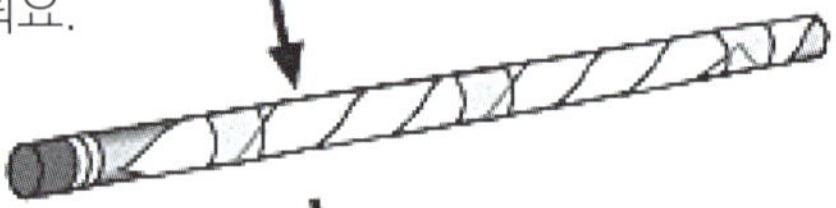

연필을 빼내고 끝을 잘라요.

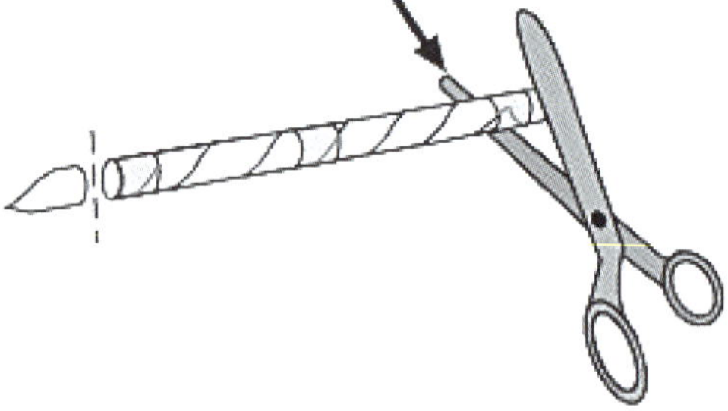

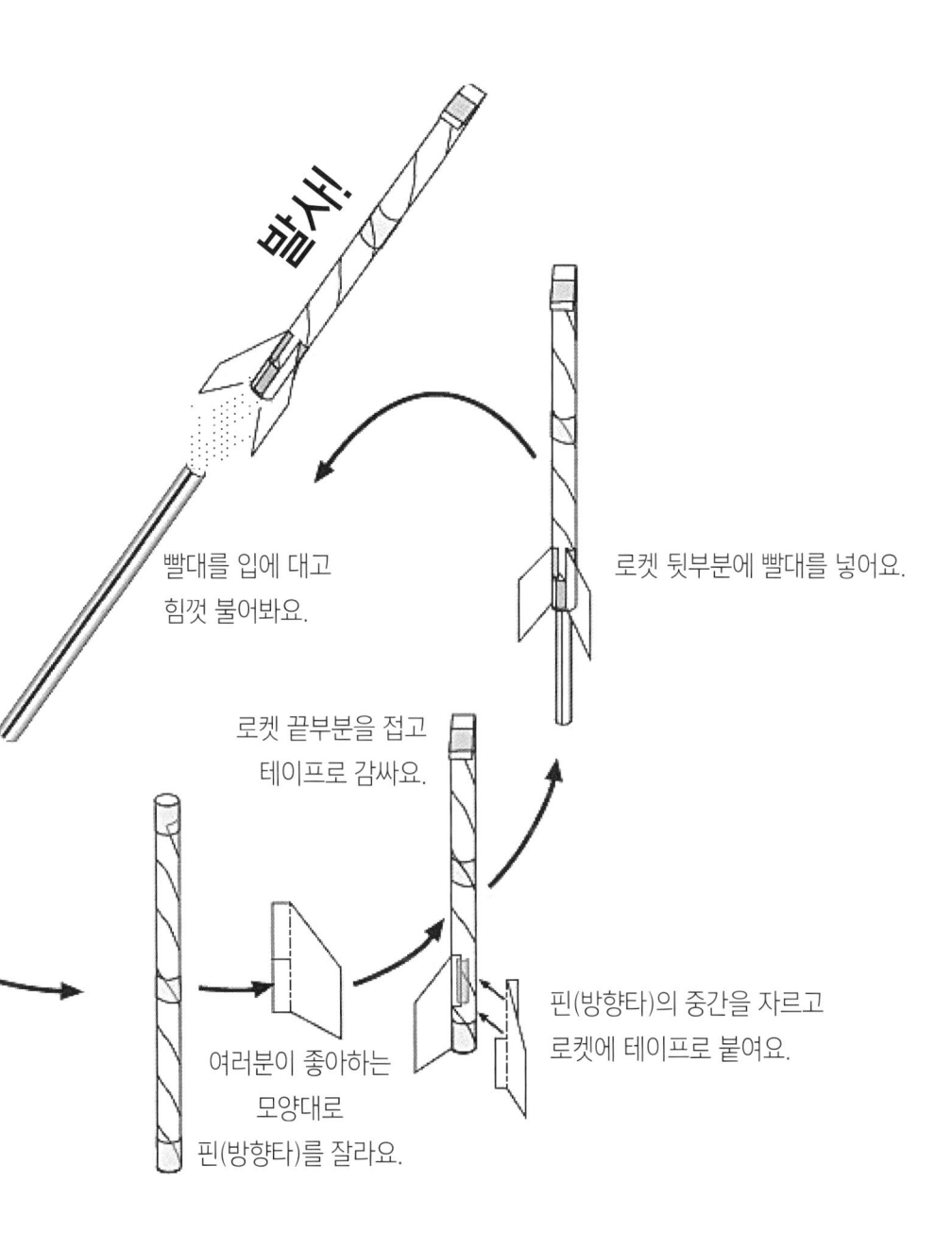

제**4**장

인공위성은 하늘을 나는 과학자

인공위성아, 지구 배경으로 내 사진도 멋지게 찍어줘!

출처 : https://pixabay.com

인공위성은 어떤 일을 할까?

밤하늘을 보면 별처럼 반짝이는 작은 점들을 볼 때가 있어요. 어떤 건 별이지만, 어떤 건 바로 인공위성일 수도 있어요.

인공위성은 사람이 만든 물체로, 지구나 다른 우주 이웃들 주위를 돌면서 다양한 일을 해요. 마치 하늘을 나는 작은 과학자 같죠! 인공위성은 우주에서 지구를 관찰하거나, 다른 곳과 소통하게 해 주거나, 심지어 우주를 연구하기도 해요.

인공위성은 하는 일에 따라 모양, 크기, 기능이 아주 다양해요. 어떤 것은 월드컵 경기장만큼 크고, 어떤 것은 축구공만큼 작아요. 인공위성이 하는 일은 정말 많아서, 우리 생활에 없어서는 안 될 만큼 중요한 존재가 되었답니다.

출처 : https://pixabay.com

NASA(미국)와 CNES(프랑스)가 공동으로 개발한 환경 위성 칼립소

날씨를 알려주는 위성, 지구를 지켜보는 위성

아침에 일어나서 뉴스에서 "오늘은 하루 종일 비가 내리겠습니다." 하고 일기예보를 하는 걸 본 적 있나요? 이렇게 정확한 일기예보가 가능한 것도 기상위성 덕분이에요.

기상위성은 하늘 높이 올라가 구름의 움직임, 비구름의 크기, 태풍의 경로 같은 걸 실시간으로 살펴봐요. 이를 통해 기상청은 '언제 비가 올지', '태풍이 어디로 갈지' 미리 알 수 있어요.

태풍이 발생했을 때 기상위성이 없었다면, 사람들은 갑자기 몰려온 폭풍우에 대비하지 못했을 거예요. 기상위성은 우리를 위험으로부터 지켜주는 고마운 친구예요.

정확한 일기예보를 위한 기상 위성

또 어떤 인공위성들은 지구의 환경을 지켜보는 일을 해요. 이런 위성들은 숲이 얼마나 사라지는지, 바다가 얼마나 오염되고 있는지, 얼음이 얼마나 녹고 있는지를 감시해요.

예를 들어, 지구온난화로 북극의 얼음이 녹는 모습을 위성사진으로 찍어 분석할 수 있어요. 산불이 발생하면 어디에서 얼마나 번지고 있는지 파악해 소방대원들에게 정보를 주기도 해요.

즉, 하늘에서 지구의 건강을 지켜보는 의사 같은 역할을 하는 거죠.

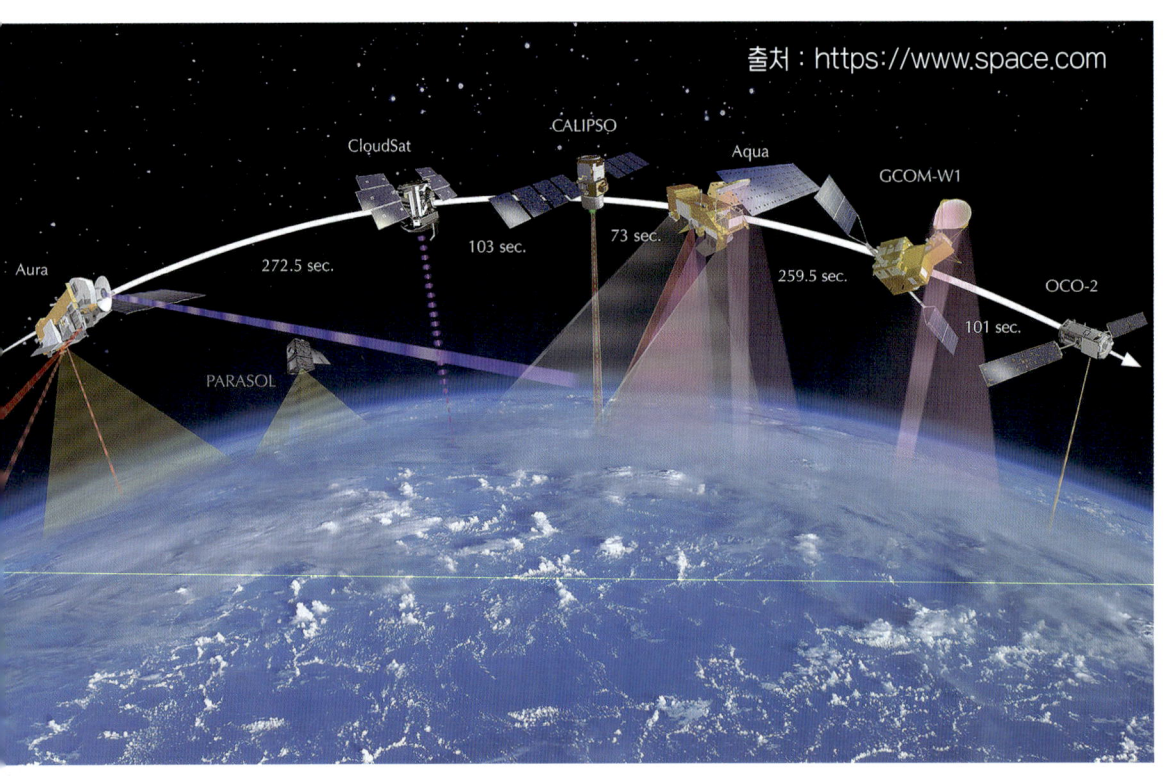

지구를 지켜보는 관찰위성

여러분이 친구에게 휴대폰으로 전화를 걸 때, 멀리 떨어진 나라와 영상 통화를 할 때, 심지어 텔레비전으로 해외 뉴스를 볼 때도, 모두 통신위성의 덕을 보고 있는 거예요.

통신위성은 지구 위 높은 곳에서 전파를 받아 다른 지역으로 다시 보내는 역할을 해요. 덕분에 전 세계 어디서든 빠르게 소식을 주고받을 수 있답니다. 특히 통신 케이블을 깔 수 없는 깊은 바다 한가운데나 외딴 섬에서도 전화나 인터넷을 사용할 수 있어요. 정말 놀랍지요?

통신위성

최근에는 위성 인터넷 서비스도 점점 발전하고 있어요. 일론 머스크가 만든 스타링크(Starlink) 같은 시스템은 수천 개의 작은 인공위성을 띄워 지구 전역에 인터넷을 뿌려주려고 해요.

이런 시스템이 잘 되면 앞으로는 지구 어디에서나 빠른 인터넷을 사용할 수 있게 될 거예요. 산속이나 사막, 남극에서도 말이죠!

인터넷 위성, 스타링크

또한 우리가 자동차를 탈 때 사용하는 내비게이션도 위성 덕분이에요. 하늘에 떠 있는 GPS 위성이 우리 위치를 정확히 알려주기 때문에 목적지를 쉽게 찾을 수 있어요.

만약 GPS 위성이 없었다면, 길을 잃기 쉽고, 배나 비행기 운항도 훨씬 위험했을 거예요. GPS는 군사 작전에도, 재난 구조에도 꼭 필요한 기술이랍니다.

내비게이션에 정보를 주는 GPS 위성

우리나라의 위성들: 아리랑, 천리안, 차세대 위성

우리나라는 인공위성을 정말 잘 만드는 나라 중에 하나로 자랑스러운 인공위성들이 많이 있어요. 우리 손으로 만든 하늘의 과학자들이죠!

아리랑 위성은 지구를 관찰하는 임무를 맡은 인공위성이에요. 1999년 첫 번째 아리랑 위성이 발사된 이후, 아리랑 1호, 2호, 3호, 3A호, 5호까지 계속 이어졌어요.

아리랑 위성은 성능이 뛰어난 카메라를 이용해 지구 사진을 찍고, 재난 감시, 농작물 상태 파악, 환경 변화 관찰 등 다양한 일을 해요. 특히 국토를 지키고, 농업과 산업 발전에 큰 도움이 되고 있답니다.

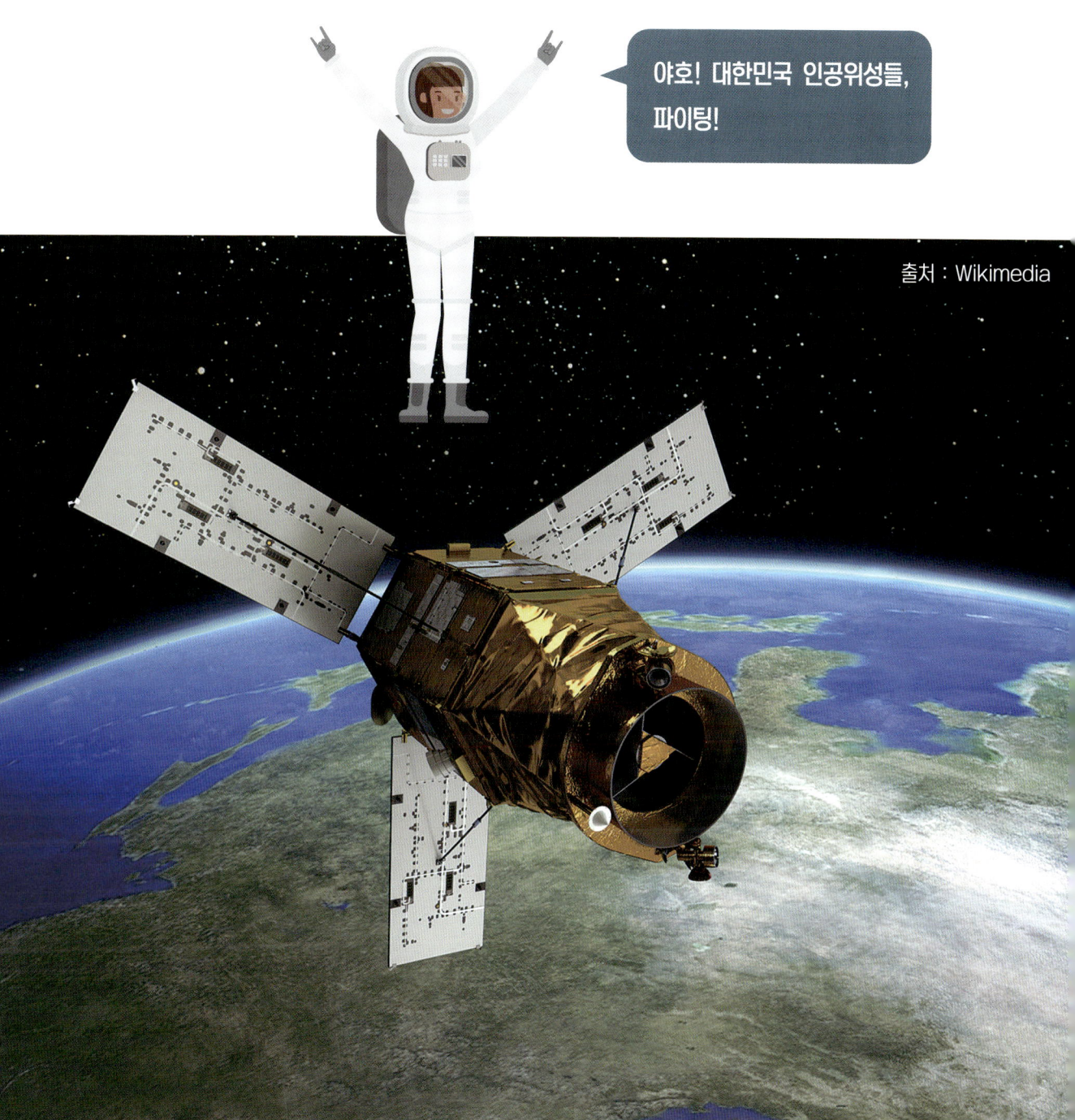

아리랑 위성

제4장 인공위성은 하늘을 나는 과학자

천리안은 우리나라에서 제일 먼 우주에서 지구를 돌면서 우리나라를 지켜보고 있어요. 천리안 위성은 지구에서 3만 5천km 떨어진 곳에서 우리나라를 보고 있어요. 정말 멀리 있죠? 근데 왜 여기까지 우리나라 인공위성을 보냈을까요? 정말 중요한 이유가 있어요. 왜냐하면 이 3만 5천km에서 도는 인공위성들은 지구가 하루 동안 도는 속도와 같이 돌아요. 그래서 1년 동안 한 자리에 머무르는 것처럼 보이죠. 그래서 우리나라만의 날씨, 해양, 환경 정보를 동시에 관측해요.

출처 : https://dongascience.com

천리안 위성

천리안 1호, 2A호, 2B호가 순차적으로 발사되었고, 지금도 열심히 일하고 있어요. 천리안 덕분에 우리나라의 기상예보가 더 정확해지고, 태풍 대응도 빨라졌어요.

요즘은 차세대 소형위성도 많이 개발되고 있어요. 크기는 작지만 성능은 뛰어나서, 다양한 연구와 실험에 사용돼요. 예를 들어, 지구관측, 우주환경 감시, 통신 실험 같은 일들을 해요.

이런 소형위성들은 미래 우주 개발의 중요한 열쇠가 될 거예요.

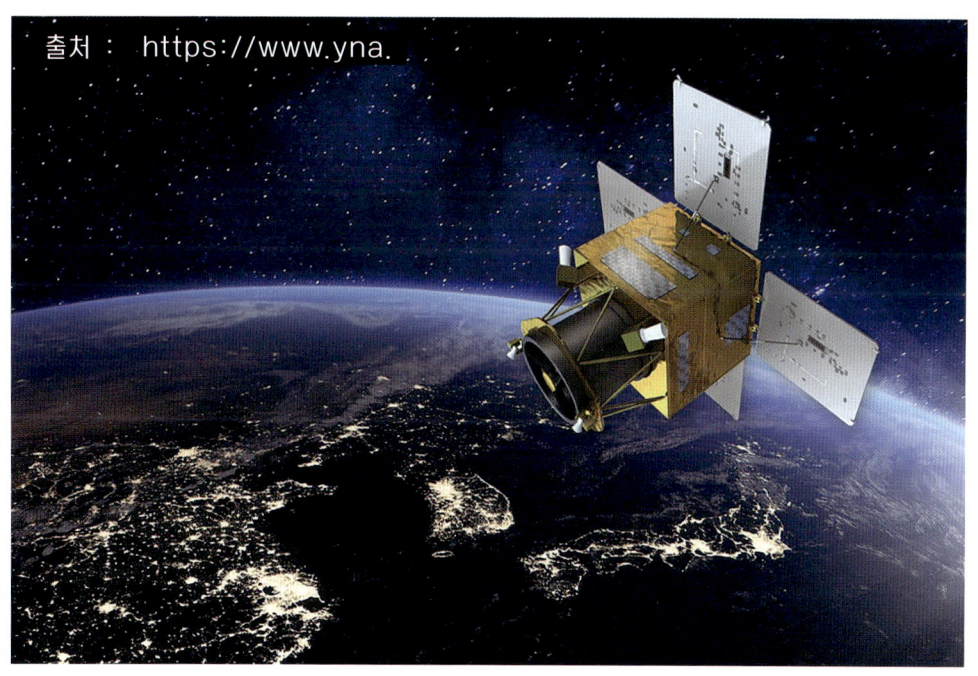

차세대 위성

큐브위성과 나노위성

요즘은 손바닥만한 작은 위성들도 인기예요. 이런 것을 큐브위성이라고 불러요. 큐브위성은 주로 정육면체(큐브) 모양으로, 크기가 10cm 정도밖에 안 돼요. 무게도 1kg 정도로 아주 가볍죠. 이렇게 작은 위성 안에 카메라, 통신 장비, 실험 장치 등을 넣어 다양한 임무를 수행할 수 있어요.

학생들이나 작은 연구팀도 큐브위성을 만들어 발사할 수 있어서, 우주 연구가 훨씬 더 가까워졌어요. 예를 들어, 우리나라 대학생들이 만든 'STEP Cube Lab' 같은 큐브위성도 우주로 올라가 실험을 진행했어요.

큐브 위성

제4장 인공위성은 하늘을 나는 과학자

나노위성은 큐브위성보다 약간 더 큰데, 무게가 1kg에서 10kg 정도예요. 크기는 다양하지만 모두 아주 작고 가벼운 편이죠.

나노위성들은 군집을 이루어 함께 움직이기도 해요. 예를 들어, 수십 개의 나노위성이 동시에 지구를 관측하거나, 우주 환경을 연구하는 식이죠.

나노 위성

작은 위성들은 가격도 저렴하고, 짧은 시간에 만들 수 있어서 우주 개발의 문을 활짝 열었어요. 미래에는 초소형 위성들이 군집을 이뤄 우주 인터넷망을 만들고, 화성이나 달 탐사에도 참여하게 될 거예요.

이제는 거대한 인공위성만 필요한 게 아니라, 작은 큐브위성과 나노위성도 우주 시대를 이끄는 중요한 주인공이 된 거죠.

이렇게 인공위성은 이제 우리 생활 곳곳에 스며들어 있어요. 날씨 예보, 내비게이션, 통신, 인터넷, 환경 감시, 우주 연구까지! 하늘을 나는 작은 과학자들이 끊임없이 지구를 지켜보고 돕고 있답니다.

그리고 앞으로는 더 작고 똑똑한 인공위성들이, 더 멀리, 더 깊게 우주로 나아가며 우리와 우주를 연결할 거예요.

우주 실습실

나만의 위성 설계해 보기

위성의 이름은 뭔가요?

이 위성이 하는 일은 무엇일까요?

이 위성은 어느 궤도에 있을까요?

제 **5** 장

우주를 탐험하는 로봇과 탐사선

보이저호,
넌 지금 어디 있니?

출처 : https://pixabay.com

사람이 가기 힘든 곳에는 로봇이 간다

인류는 오래 전부터 밤하늘을 보며 우주를 꿈꿔왔어요. 하지만 우주는 너무나 먼 곳이자, 상상할 수 없을 정도로 극한의 환경이에요. 기온이 엄청나게 낮거나 높고, 대기가 없거나 얇아 숨을 쉴 수 없고, 사람에게 정말 위험한 강력한 방사선이 쏟아진답니다.

이런 위험한 환경에 인간이 직접 가는 것은 어렵지요. 게다가 화성이나 소행성처럼 몇 천만 km나 떨어진 곳까지 가려면, 수개월 또는 수년의 시간이 걸리지요. 그래서 과학자들은 획기적인 방법을 생각해냈어요. 바로 로봇과 탐사선을 사람 대신 보내는 것이지요.

이들은 마치 '우주로 떠나는 과학자'처럼, 사진을 찍고, 흙을 채취하고,

출처 : https://pixabay.com

공기를 분석하고, 심지어 그 행성의 샘플을 가져오기도 한답니다. 이런 로봇들은 사람 대신 우주의 신비를 밝혀내고, 미래에 인간이 안전하게 갈 수 있도록 정보를 수집하는 소중한 역할을 하지요. 우주를 향한 인간의 도전은 이제 로봇과 함께 이어지고 있답니다.

이제부터 그런 신기하기도 하고 멋진 로봇과 탐사선을 만나볼까요?

화성을 달리는 탐사 로봇 퍼서비어런스

화성은 지구와 가장 비슷한 환경을 가진 행성으로 알려져 있어요. 그래서 과거에 물이 흐르고, 생명체가 존재했을 가능성이 있다고 생각했지요.

이를 확인하기 위해 미국 NASA는 2020년 7월 30일, 퍼서비어런스(Perserverance)라는 탐사 로봇을 발사했어요.

퍼서비어런스는 2021년 2월, 화성의 '예제로 크레이터'라는 고대 호수 자리에 착륙했어요.

퍼서비어런스

퍼서비어런스가 맡은 임무는 매우 중요해요. 옛날 화성에 생명체가 있었는지 흔적 찾기, 화성의 토양과 암석 샘플을 지구로 가져오기, 화성의 공기는 어떤지 연구하기, 미래에 사람이 직접 화성에 가면 어떻게 탐사를 시작해야 하는지에 대한 준비 등 많은 활동을 하고 있어요.

특히 퍼서비어런스는 화성에서 돌을 뚫고 샘플을 채취해, 이 샘플을 지구로 가져올 수 있도록 준비하고 있어요. 이 샘플들은 2030년대 초반에 지구에 도착할 예정이에요.

퍼서비어런스 착륙

퍼서비어런스에는 특별한 친구도 함께했어요.

바로 작은 드론 인저뉴어티(Ingenuity)랍니다. 인저뉴어티는 인류 최초로 다른 행성에서 비행한 드론이에요. 2021년 4월 첫 비행을 성공시키며, 미래 화성 항공 탐사의 가능성을 보여주었습니다.

퍼서비어런스는 지금도 매일 조금씩 화성을 달리며, 우주에서 가장 놀라운 과학 실험을 이어가고 있습니다.

탐사 드론 인저뉴어티

화성에서 함께할 나도 친구가 되어줄게. 기다려!

달을 탐험한 인도의 찬드라얀

달은 인류가 가장 먼저 발을 디딘 천체이지요.

1969년 아폴로 11호의 착륙 이후, 많은 나라들이 달을 탐사하려고 노력해왔어요.

그런 수많은 나라 중에서 인도는 2008년에 첫 달 탐사선 찬드라얀-1을 발사했어요. 이 탐사선은 달의 표면을 돌며 지도를 제작하고 물의 흔적을 찾는 임무를 수행했어요. 찬드라얀-1 덕분에 과학자들은 달에 물이 존재한다는 중요하고 놀라운 단서를 찾을 수 있었지요.

이후 인도는 더 큰 도전을 시도했어요. 2019년, 찬드라얀-2를 통해 달 착륙을 시도했지만, 아쉽게도 착륙 직전에 통신이 끊기며 아깝게 실패했어요.

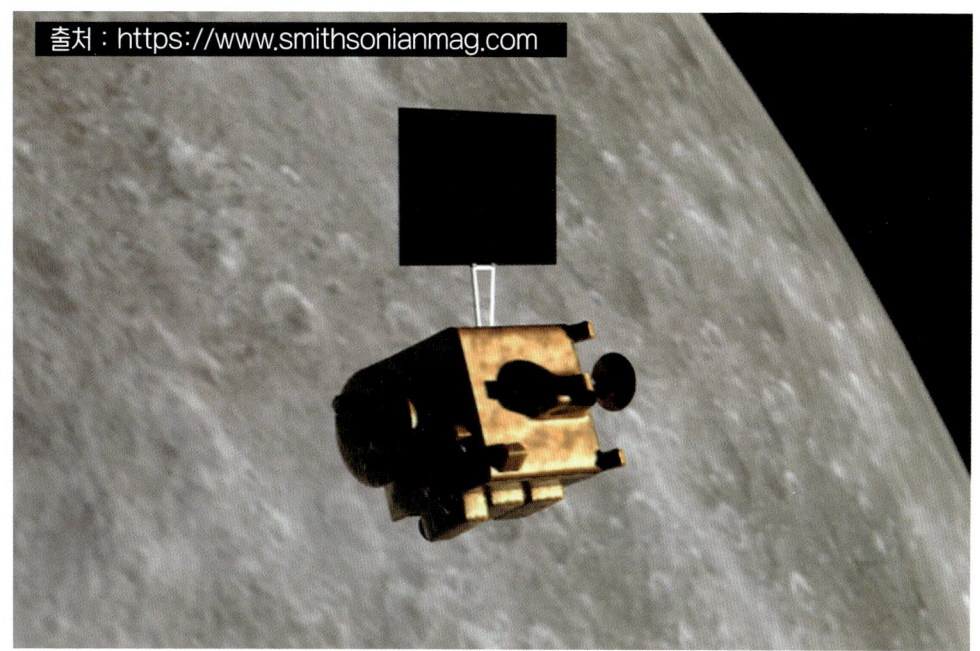

인도의 첫 탐사선 찬드라얀

하지만 인도는 포기하지 않았고, 다시 2023년, 드디어 찬드라얀-3을 성공적으로 발사해, 달의 남극 근처에 무사히 착륙시키는 데 성공했어요.

달 남극 지역은 달이 생겨난 이후로 한 번도 태양이 비추지 않은 그늘진 분화구가 많고, 이곳에 얼음으로 된 물이 존재할 가능성이 높아 미래 달 기지 건설의 핵심 장소로 꼽히고 있어요. 찬드라얀-3의 착륙은 인도뿐만 아니라 세계 우주 탐사 역사에 큰 발자국을 남겼어요.

찬드라얀 프로젝트는 '우주 탐사는 부유한 나라만의 것이 아니다.'라는 희망을 전해주었지요.

소행성 샘플을 가져온 일본의 하야부사

소행성은 태양계가 처음 생겨났을 때에 생긴 많은 것을 간직한 천체이지요. 그래서 소행성을 연구하면 태양계와 생명의 탄생에 대한 실마리를 얻을 수 있어요. 그래서 일본은 이 어려운 임무에 도전했지요.

2003년, JAXA(일본 우주항공연구개발기구)는 하야부사 1호를 발사했어요. 하지만 일본의 하야부사는 여러 문제를 겪었어요. 로켓 엔진 고장, 통신이 불통, 소행성에 착륙하는 데 실패 등….

하지만 결국 소행성 '이토카와'에서 미세한 샘플을 채취하고 2010년 지구로 귀환하는 데 드디어 성공했어요.

하야부사 1

 이후 하야부사 2호는 2014년에 발사되어, 더 어려운 임무에 도전했어요. 목표는 소행성 '류구'.

 이 소행성에서 직접 표면 샘플을 채취하고, 심지어 사람이 만든 물건을 직접 떨어뜨려 샘플도 얻었어요. 하야부사 2호는 2020년 지구에 샘플 캡슐을 무사히 보내며 대성공을 거두었어요.

소행성 류구

이 샘플을 분석해 보니 생명에 필요한 물질과 물의 성분이 발견되었어요. 즉 생명의 재료가 소행성에도 있을 수 있다는 놀라운 사실이 확인된 것이지요. 하야부사는 인류에게 '작은 도전이 큰 성공을 만든다.'는 교훈을 주었어요.

우리나라의 달 탐사선 다누리

우리나라 역시 우주 탐사의 꿈을 키워왔어요. 그 결과, 2022년 8월 5일, 한국형 달 탐사선 다누리(KPLO)호가 미국 플로리다 케이프커내버럴에서 스페이스X 로켓을 타고 우주로 출발했어요.

다누리가 하는 중요한 일은 정말 여러 가지인데, 달의 지형과 표면을 성능이 좋은 카메라로 촬영하고, 달을 관측하고, 달의 여러 곳을 측정하고, 미래에 있을 달 착륙선의 착륙 후보지를 찾기도 했어요. 더군다나 달에서 인터넷을 사용할 수 있는지는 알아보는 우주 인터넷 통신 기술 시험까지 진행하고 있답니다.

출처 : 한국항공우주연구원

대한민국 최초의 달 탐사선 다누리

다누리는 약 4개월 동안 긴 여행을 거쳐, 2022년 12월, 달 궤도에 성공적으로 진입했어요. 그리고 이후 지금까지도 임무를 잘 수행하고 있어요. 특히 다누리가 보내온 달 표면 사진은 매우 선명하고 아름다웠어요. 이것은 대한민국이 본격적으로 우주 탐사 시대에 진입했다는 것을 상징하는 것이지요. 또한 다누리는 '국제 인터넷 통신 실험'을 통해, 앞으로 달과 지구 간 실시간 데이터 통신 가능성을 확인하는 데도 성공했어요.

다누리의 성공은 한국 과학기술의 자랑이자, 미래 달 착륙선 개발, 달 기지 건설로 나아가는 소중한 첫걸음이 되었어요.

다누리가 전송한 달과 지구의 사진

　이처럼 우주를 향한 인류의 도전은 끊임없이 이어지고 있어요. 사람이 직접 가기 힘든 곳은 로봇이 대신 가지요. 퍼서비어런스는 화성의 비밀을 찾고, 찬드라얀은 달의 남극을 탐험하고, 하야부사는 소행성 샘플을 가져왔어요. 그리고 우리의 다누리는 한국의 이름을 우주에 새겼지요.

　앞으로는 달에 사람을 다시 보내는 '아르테미스 계획', 목성의 얼음 위성 탐사, 소행성 충돌 방어 실험 등 더 많은 도전이 기다리고 있어요. 여러분이 크면, 이 로봇들과 함께 직접 우주를 탐험하는 과학자가 될 수도 있지 않을까요?

　다음으로는 지금 우주에서 지구 주위를 도는 가장 큰 인공위성인 국제우주정거장에 대해 알아볼까요?

우주 실습실

탐사 로봇에게 보내는 응원 편지 쓰기

화성을 탐사하고 있는 퍼서비어런스에게 응원의 편지를 보내요.

출처 : https://pixabay.com

제 6 장

우주 정거장과 우주인의 생활

> 정말 이곳에서 우주인이 살고 있다고? 나도 가고 싶다.

국제우주정거장 ISS는
하늘 위의 실험실

밤 하늘을 자세히 보면, 별처럼 깜빡이지 않고 빠르게 움직이는 점을 볼 수 있을지도 몰라요. 그것이 바로 국제우주정거장(ISS, International Space Station)일 수 있어요.

국제우주정거장은 지구로부터 약 400km 상공을 시속 28,000km로 돌고 있는 거대한 우주 실험실이에요. 이 실험실이 지구를 한 바퀴 도는 데 단 90분밖에 걸리지 않지요. 국제우주정거장의 길이는 월드컵 축구장 정도 크기 정도이고, 무게는 약 420톤이나 된답니다. 그리고 국제우주정거장은 여러 나라(미국, 러시아, 일본, 유럽연합 등)가 함께 만든 세계 최대의 과학 프로젝트로 단순히 사람이 사는 공간이 아니고, 바로 우주를 연구

국제우주정거장(ISS)

하는 최첨단 실험실이에요. 과학자들은 국제우주정거장에서 우리 몸이 무중력에서 어떻게 변하는지, 식물과 동물이 우주 환경에서 어떻게 자라는지, 새로운 재료나 약품을 개발할 수 있는지 등 다양한 실험을 해요.

국제우주정거장 안에서 다양한 연구와 실험이 진행된다

 이런 다양한 연구들은 미래 화성 여행 준비, 지구 환경 연구, 의학 발전 등에도 크게 도움이 되지요.

 우주를 향한 발판, 그것이 바로 국제우주정거장이지요.

우주인은 어떻게 밥을 먹고 잠을 잘까요?

　우주인은 지구에서처럼 자유롭게 밥을 먹거나 잠을 잘 수 있을까요? 아쉽게도 그렇지 않아요. 왜냐하면 무중력 상태에서는 모든 것이 둥둥 떠다니기 때문이지요.

　그렇다면 우주정거장에서 우주인들은 식사를 어떻게 할까요? 먼저 음식은 주로 튜브형, 캔형이거나 진공포장되어 있답니다. 스푼 대신 포크와 가위처럼 생긴 도구를 사용해요. 그리고, 물은 튜브에 담긴 물을 빨아먹듯이 마시지요. 가루나 부스러기가 생기면, 공기 중을 떠다니다가 기계에 들어가 고장을 일으킬 수 있기 때문에 조심해야 해요. 심지어 김치도 우주용이 따로 개발되었어요. 매운 맛에 잘 발효된 김치는 우주 환경에 맞게 특

우주인들의 식사

김치를 비롯한 우주 식품들

별히 만들어야 했지요.

    그럼 우주인들은 우주에서 어떻게 잠을 잘까요? 우선 국제우주정거장에는 침대가 없어요. 대신 벽에 붙어 있는 침낭에 몸을 묶고 잔답니다. 왜 이렇게 힘들게 잠을 자냐 하면 무중력 상태라 둥둥 떠 있기 때문에, 묶지 않으면 이리저리 떠다니며 자야 해요. 눈을 감고 벽에 몸을 기대어 떠 있는 모습은, 마치 물속에서 자는 것 같기도 하고, 꿈속을 떠도는 것 같기도 하지요. 이처럼 우주에서는 아주 작은 일상 속 행동도 신중하고 특별하게 해야 하지요.

우주 음식은 어떤 맛일까?
정말 궁금하지 않니?

무중력에서 물은 어떻게 움직일까요?

지구에서는 컵에 물을 따르면 아래로 떨어지지요. 하지만 우주에서는 중력이 거의 없기 때문에, 물이 자유롭게 둥글게 뭉쳐 떠다닙니다. 왜냐하면 물은 특별한 성질이 있어요. 물 바깥은 서로 서로 잡아당겨서 단단하게 붙어 있으려고 해요. 이걸 '표면장력'이라고 하는데, 표면장력 덕분에 물이 서로 달라붙어 둥근 모양을 이루는 것이지요. 그래서 우주에서는 물방울이 공처럼 둥글게 뭉쳐 떠다니지요. 이런 작은 물방울 여러 개를 모으면 큰 물방울이 돼요. 손가락이나 빨대로 물을 터치하면, 물방울이 따라 움직인답니다.

우주인들은 이 물방울을 이용해 실험도 해요. 물방울 안에 작은 물체를

우주공간에서 물의 움직임

넣어 움직임을 관찰하거나, 비눗방울처럼 다양한 모양을 만들어 보기도 해요. 또한 무중력 속에서는 물을 마시는 것도 도전이지요. 조심하지 않으면, 물방울이 얼굴에 붙거나 코로 들어가서 숨쉬기 어려울 수 있어요. 그래서 우주에서는 튜브에 물을 담아 짜 먹거나, 물방울을 직접 입으로 빨아먹어요.

물을 다루는 일조차 과학 실험 같죠?

우주에서도 운동은 꼭 필요해요

우주에서는 가만히 떠 있기만 하면 되니까 운동을 안 해도 될까요? 아닙니다. 오히려 우주에서는 운동이 더 중요해요. 왜 그럴까요?

무중력 상태에서는 근육과 뼈를 거의 사용하지 않아요. 그래서 시간이 지나면 근육이 약해지고, 뼈가 약해지는 현상(골다공증)이 발생하지요. 또 심장도 약해지고, 면역력도 떨어질 수 있어요. 이를 막기 위해 우주인들은 매일 2시간 이상 꼭 운동을 한다고 해요.

그러면 우주인은 어떻게 운동을 할까요? 러닝머신에 몸을 고정하고 뛰기, 고정식 자전거에 앉아서 페달 밟기, 저항운동기구에서 근력 강화 운동(중력이 없으니 기계로 힘을 만들어야 해요)과 같은 많은 운동을 해요. 특

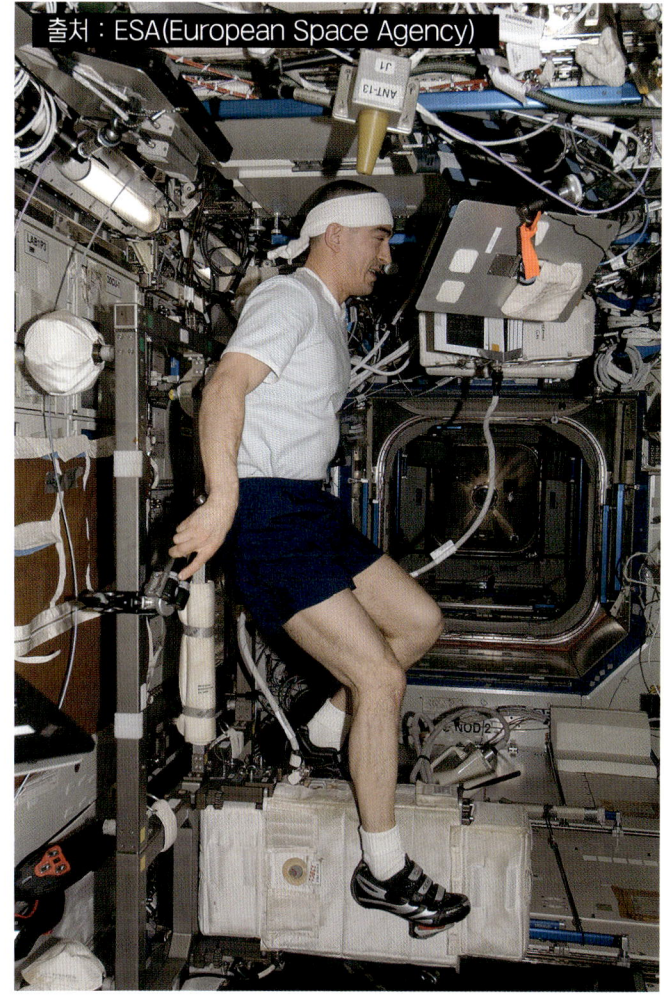

우주에서의 운동

히 우주 운동 기구는 특별하게 설계되어 있어서, 소리가 작고, 무중력에서도 안전하게 사용할 수 있도록 되어 있지요.

운동을 통해 몸을 건강하게 유지하는 것은 지구로 돌아온 후에도 몸이 빨리 회복되도록 도와줘요. 역시 우주에서도 건강이 최고예요.

우주인들은 어떻게 화장실을 갈까?

우리가 지구에서 하는 아주 쉬운 일도 우주에서는 정말 정말 어려워질 수 있어요. 그중 하나가 바로 화장실 가는 일이에요. 우주는 무중력! 그래서 문제가 생겨요.

지구에서는 땅이 있어서 뭐든지 아래로 떨어지지요. 하지만 우주에서는 무중력이라서 모든 게 둥둥 떠다녀요. 물방울도, 사람도, 심지어 대변과 소변도 둥둥 떠버려요. 그래서 우주에서는 특별한 화장실이 필요해요. 그냥 가만히 앉아 있으면 안 되고, 꼭 기계를 사용해서 도와줘야 해요. 우주 화장실은 오른쪽 사진처럼 생겼어요.

국제우주정거장(ISS)에는 진공청소기처럼 빨아들이는 화장실이 있어

우주 화장실

요. 소변은 깔때기처럼 생긴 튜브에 대고, 슝! 하고 빨아들여요. 대변은 작은 의자처럼 생긴 변기에 앉아서 몸을 벨트로 꽉 고정한 다음 화장실을 이용하고, 이것도 강한 바람으로 쏙쏙 빨아들여요. 왜 이렇게까지 할까요? 응가와 오줌이 떠다니면 우주선이 아주 지저분해지니까요. 생각만 해도 끔찍하죠?

화장실에서 일을 보는 것도 훈련이 필요해요. 우주 화장실은 사용하기가 정말 어렵대요. 그래서 우주인이 되려면 지구에서 화장실 사용하는 훈련도 꼭 해야 해요. 기계 다루는 법을 배우고, 몸을 고정하는 방법을 연습하고, 실수하지 않도록 열심히 연습해요.

우주에서는 '정확하고 빠르게 볼일보기'도 정말 중요한 실력이에요!

화장실에서 배출한 소변은 다시 물로 변화돼요. 이게 무슨 말이냐 하면, 우주에서는 물이 아주 귀해요. 그래서 우주인들이 본 소변을 깨끗하게 정화해서 다시 식수(마시는 물)로 사용해요.

그래서 우주인들은 이런 말을 해요.

"우리는 어제 마신 물을 또 마십니다."

조금 징그러울 수 있지만, 깨끗하게 정수해서 아주 안전하다고 해요. 우

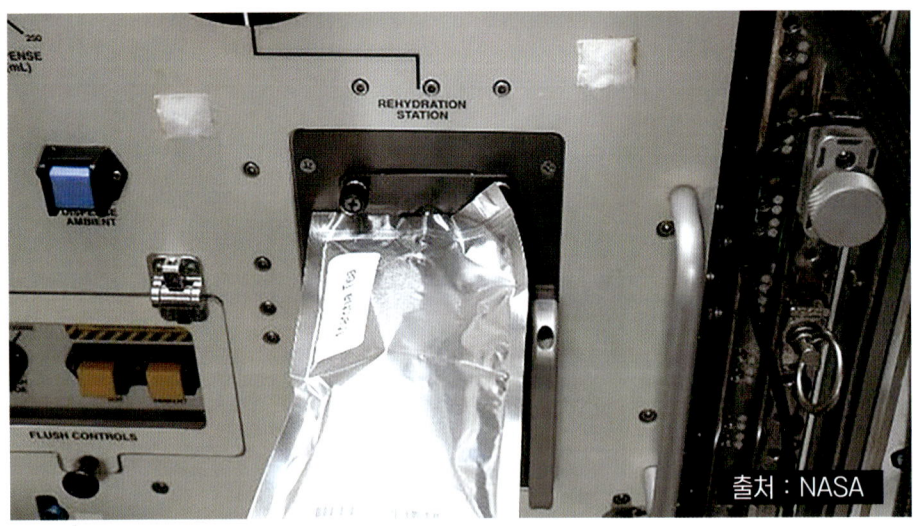

소변을 깨끗한 물로 바꾸어주는 정수장치

주에서는 한 방울의 물도 정말 소중하기도 하고 굉장히 비싸답니다. 물 1리터를 우주정거장에 배달하기 위해서는 5,000만 원이나 든답니다. 그러니 물을 아껴 쓸 수밖에 없겠지요.

그럼 대변은 어떻게 처리할까요? 특별한 비닐봉지에 모아 담고, 꽉 막힌 통 안에 넣어요. 그리고 시간이 되면 쓰레기를 운반하는 우주선에 실어 지구로 보냅니다. 그런데 땅에 도달하기도 전에, 대기권에 들어오면서 뜨거운 열 때문에 불타 없어져요. 그래서 지구에 떨어지지 않아요.

이렇게 우주에서는 작은 일 하나도 정말 특별해요. 화장실을 가는 것도 과학 기술을 활용해거 도와줘야 하죠. 혹시 여러분도 미래에 우주인이 되고 싶다면, 우주 화장실도 멋지게 사용하는 방법을 배워야 할 거예요.

우주 실습실

나의 우주 생활 일기 써보기

날짜 :

지구 날씨 :

우주 정거장에서 본 것 그리기

오늘의 활동 :

오늘의 우주 관찰 :

오늘의 생각 :

출처 : https://pixabay.com

제 7 장
달과 화성, 그리고 저 멀리

사람은 달에 정말 갔었을까?

정말이에요. 사람은 실제로 달에 다녀온 적이 있어요. 1969년 7월 20일, 미국의 우주선 아폴로 11호가 달에 착륙했어요. 이 우주선에는 세 명의 우주비행사, 닐 암스트롱, 버즈 올드린, 마이클 콜린스가 타고 있었고, 달 착륙선인 이글호와 달 탐사하는 동안 달 주위를 돌며 지구 귀환을 준비하는 사령선 컬럼비아호가 함께 실려 있었어요.

그 중 암스트롱과 올드린은 달 착륙선인 이글호에서 달 표면에 직접 내려섰고, 콜린스는 달 궤도 위에서 사령선인 컬럼비아호를 조종했어요. 암스트롱은 인류 역사상 처음으로 달 표면에 발을 내디디며 이렇게 말했어요.

"이것은 한 인간에겐 작은 발걸음이지만, 인류에게는 거대한 도약이다."

아폴로 11호 발사

우주인들은 달의 바위와 흙을 채취하고, 미국 국기를 꽂고, 여러 가지 실험을 한 뒤 지구로 무사히 돌아왔어요. 아폴로 11호의 성공 이후, 미국은 총 여섯 번 달에 사람을 보냈고, 달 탐사에 대한 인류의 관심은 더욱 커졌죠.

인류 최초로 달 표면에 발을 디딘 닐 암스트롱

하지만 아폴로 프로그램은 1972년을 마지막으로 중단되었어요. 너무 많은 돈과 자원이 들었기 때문이에요. 하지만 그 뒤로도 사람들은 다시 달로 가고 싶어했어요. 왜냐하면 달은 우주 탐사의 첫걸음이자, 더 먼 곳으로 가기 위한 중요한 디딤돌이기 때문이죠.

다시 달로! NASA의 아르테미스 계획

그동안 멈춰 있던 유인 달 탐사가 최근 다시 시작되고 있어요. 바로 NASA의 아르테미스(Artemis) 계획 덕분이에요. 아르테미스는 그리스 신화에서 달의 여신 이름이에요. 그리고 이 이름처럼, 이번 탐사에는 여성 우주인도 포함되어 있다는 점에서 특별해요.

아르테미스 계획은 2020년대부터 시작되었어요. NASA는 2022년 아르테미스 1호를 발사하며 첫 번째 실험을 성공적으로 마쳤고, 앞으로 아르테미스 2호와 3호를 통해 사람을 실제로 다시 달에 보내려고 해요.

이 계획의 중요한 목표는 단순히 달에 갔다 오는 것이 아니라, 달의 남극 근처에 사람이 살 수 있는 기지를 짓는 것이에요. 왜 남극일까요? 그곳

스페이스 런처 아르테미스 발사 장면

에는 달이 생겨나고 이제껏 한 번도 햇빛이 비치지 않는 영구 음영지역이라는 어두운 구역이 있는데, 그 안에는 얼음이 존재할 가능성이 크거든요. 얼음은 물로, 물은 산소와 연료로 바꿀 수 있기 때문에 아주 중요해요.

NASA는 아르테미스 이후, 달에서 오랫동안 연구하고 실험하는 기지를 세워, 화성으로 가는 정거장으로 삼을 계획이에요. 이 계획은 미국뿐 아니라 유럽, 일본, 캐나다 등 여러 나라가 함께 하고 있답니다.

달 궤도 우주 정거장

화성에 사는 날이 올까?

아직은 어려운 일이지만, 언젠가는 가능할지도 몰라요. 화성은 지구와 닮은 점이 많아요. 하루 길이도 비슷하고, 계절도 있고, 극지방에는 얼음도 있어요. 과거에는 물이 흐른 흔적도 발견되었어요. 그래서 과학자들은 예전에 화성에 생명체가 있었을지도 모른다고 생각해요.

NASA는 5장에서 보았던 퍼서비어런스(Perseverance)라는 탐사 로봇을 화성에 보냈어요. 이 로봇은 지금도 화성의 바위와 흙을 조사하고, 생명체의 흔적을 찾고 있어요. 또, 화성의 대기에서 산소를 만드는 실험도 했답니다. 이것은 미래에 사람이 숨 쉴 수 있도록 도와줄 중요한 기술이에요.

화성 표면에 희미하게 보이는 수로의 흔적

그리고 일론 머스크가 이끄는 스페이스X는 화성에 사람을 보내기 위한 로켓을 만들고 있어요. 이 회사는 언젠가 화성 도시를 건설하겠다는 꿈을 꾸고 있죠.

물론 화성에 살려면 많은 문제가 해결되어야 해요. 대기는 얇고, 온도는

화성 테라포밍 상상도

매우 낮고, 땅에는 방사선도 많기 때문에, 안전한 집과 옷, 식량 생산 방법이 필요해요. 하지만 많은 나라와 과학자들이 이 꿈을 향해 한 걸음씩 나아가고 있어요.

우주기지 건설 프로젝트: 달과 화성에 집 짓기

사람이 우주에서 오래 머물려면 집이 꼭 필요해요. 그런데 우주에서는 지구처럼 벽돌이나 시멘트를 사용할 수 없어요. 그래서 과학자들은 여러 가지 아이디어를 연구하고 있어요.

첫째, 현지 자원 이용 기술(ISRU)이라는 것이 있어요. 달이나 화성의 흙(레골리스)을 이용해서 집을 짓는 방법이에요. 특별한 3D 프린터를 사용해서 달의 흙으로 하나하나 벽돌을 찍어낼 수 있어요.

둘째, 집 안에서 필요한 산소와 물, 전기를 만드는 장치도 있어야 해요. 이를 위해 태양광 발전기, 물 재활용 시스템, 공기 정화 장비 등이 필요하죠.

ESSA의 달 정착지 건설 이미지

화성 빌리지 이미지

화성의 거주구역 이미지

셋째, 우주 방사선으로부터 사람을 보호해야 해요. 그래서 집을 땅 속에 짓거나, 특수한 재료로 벽을 두껍게 만드는 기술도 연구 중이에요.

넷째, 사람이 생활할 공간은 단순한 집이 아니라, 실험실, 재배실, 운동 공간 등도 포함되어야 해요. 마치 작은 마을처럼 만들어야 하는 거예요.

이 모든 기술은 아직 개발 중이지만, 언젠가는 달과 화성에 우리가 살 수 있는 '우주 마을'이 생길지도 몰라요. 상상만 해도 신나죠?

우주에서 농사를 짓는 방법

우주에서 살기 위해 음식을 지구에서 계속 가져오는 건 불가능해요. 그래서 우주에서 직접 식량을 생산하는 농사 기술이 매우 중요해요.

현재는 국제우주정거장(ISS)에서 여러 가지 식물을 실험 중이에요. 예를 들어 상추, 겨자잎, 무, 감자 같은 작물들을 재배하고 있어요. 이 작물들은 수분과 영양분을 흙 없이 물이나 공기 중에 공급하는 수경재배(Hydroponics) 또는 공중재배(Aeroponics) 방식으로 길러요.

우주에서는 중력이 거의 없기 때문에, 식물이 어떤 방향으로 자라야 할지 혼란스러워할 수 있어요. 그래서 LED 조명으로 빛의 방향을 조절하고, 온도와 습도를 정밀하게 관리해야 해요.

우주에서의 농작물 재배

영화 〈마션〉에 등장하는 감자 농사

또한 식물은 이산화탄소를 흡수하고 산소를 만들어 내기 때문에, 우주 정거장 안의 공기 정화에도 도움이 돼요. 이처럼 식물은 먹을거리뿐 아니라, 건강한 우주 생활을 위한 중요한 역할을 해요.

화성이나 달에서도 농사를 지으려면 온실을 짓고, 토양이나 물을 재활용하며, 햇빛을 조절할 수 있어야 해요. 앞으로는 유전자 기술을 이용해서 우주에서도 잘 자라는 작물을 개발하려는 연구도 진행 중이에요.

언젠가 우리가 달이나 화성에서 키운 감자나 토마토를 직접 먹는 날이 올지도 몰라요. 그날을 상상하며, 과학자들은 오늘도 연구를 계속하고 있답니다.

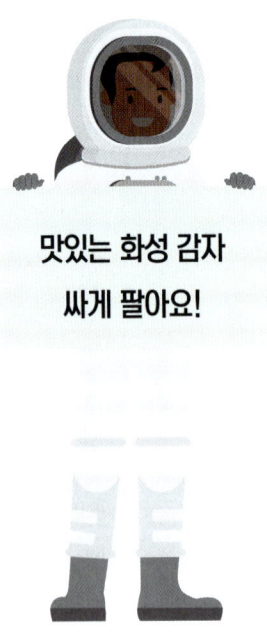

NASA에서는 좁은 실내에서 경작하는 기술을 계속해서 연구하고 있다

우주 실습실

내가 살고 싶은 우주마을 그리기

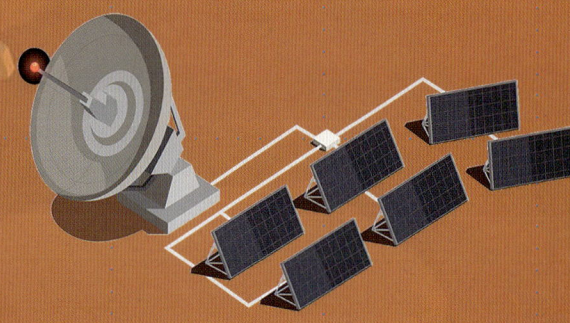

이름 :

왜 필요할까?

이름 :

왜 필요할까?

이름 :

왜 필요할까?

이름 :

왜 필요할까?

이름 :

왜 필요할까?

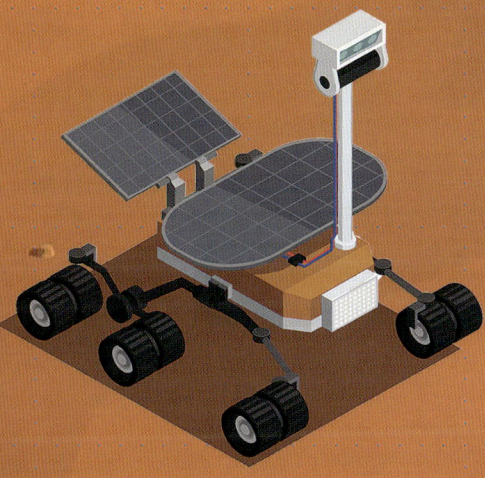

이름 :

왜 필요할까?

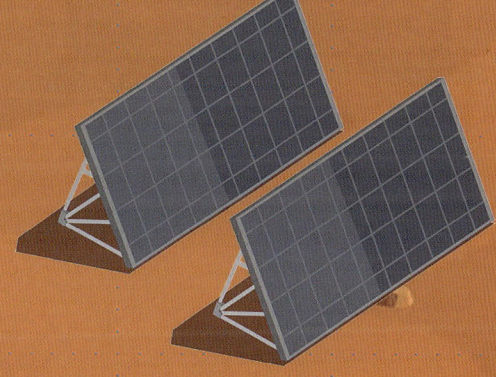

이름 :

왜 필요할까?

출처 : https://pixabay.com

제 8 장

우주 여행은 이제 꿈이 아니야

우리 집이 어디 쯤 있을지 한번 찾아볼까?

민간 우주여행 시대의 시작

제일 처음 우주로 나간 유리 가가린부터 이제까지는 오직 훈련받은 우주비행사들만 우주에 갈 수 있었어요. 그것도 아주 특별한 경우에만 가능했죠. 하지만 지금은 조금씩 달라지고 있어요. 이제는 우리 같은 일반 사람들도 돈을 내고 훈련을 받으면 우주에 갈 수 있는 기회가 생기고 있답니다.

2001년, 미국의 사업가 데니스 티토는 세계 최초로 돈을 내고 우주에 간 민간 우주 여행자가 되었어요. 그는 러시아의 소유즈 로켓을 타고 국제우주정거장에 다녀왔죠.

그 이후로 몇몇 민간인들도 우주여행을 하게 되었고, 이제는 실제로 우주여행을 위한 회사들이 경쟁을 벌이며 새로운 시대를 열고 있어요. 이렇

최초의 민간 우주 여행자 데니스 티토

게 우주여행이 조금씩 현실이 되어 가면서, 앞으로는 가족과 친구와 함께 우주로 여행을 떠나는 날이 가까워지고 있어요. 우주선에서 창밖으로 지구를 내려다보는 상상을 해보세요. 정말 멋지지 않나요?

일론 머스크의
스페이스 엑스와 스타쉽

우주여행을 가능하게 만든 가장 유명한 사람 중 하나가 바로 일론 머스크예요. 그는 테슬라 자동차 회사로도 유명하지만, 스페이스엑스(SpaceX)라는 우주 기업도 운영하고 있어요. 스페이스엑스는 우주를 더 싸고, 더 쉽게, 더 자주 갈 수 있도록 하는 것이 목표랍니다.

보통 우주 로켓은 발사 후 특별한 경우를 빼고 다시 사용하지 않아요. 왜냐하면 우주 로켓을 다시 사용하게 만들기 위해서 비용이 너무 많이 들기 때문에 보통 우주 로켓은 한 번만 사용하는 경우가 많았지요.

그런데 스페이스엑스는 재사용 로켓 기술을 통해 로켓을 한 번 쓰고 버리는 것이 아니라 다시 사용할 수 있도록 만들었어요. 이건 마치 비행기를

일론 머스크의 스타쉽

한 번 타고 버리는 게 아니라 다시 타는 것처럼, 아주 중요한 발전이에요. 가장 최신의 우주선은 바로 스타쉽(Starship)이에요.

   이 우주선은 약 100명의 사람들을 한 번에 태우고, 달이나 화성까지 가는 것을 목표로 하고 있어요. 일론 머스크는 화성에 도시를 세우고, 사람들이 화성에 살 수 있는 미래를 만들고 싶어 해요. 그래서 스타쉽은 아주 커다란 꿈을 담고 있는 우주선이랍니다.

아마존의 블루 오리진, 버진 갤럭틱의 우주관광

일론 머스크만 우주를 꿈꾸는 건 아니에요. 아마존을 만든 제프 베조스는 블루 오리진(Blue Origin)이라는 우주 관련 회사를 만들었고, 영국의 부자인 리처드 브랜슨은 버진 갤럭틱(Virgin Galactic)을 만들었어요.

블루 오리진은 '뉴 셰퍼드(New Shepard)'라는 로켓을 만들어서 사람들을 우주로 짧게 보내주는 여행을 해요. 우주로 올라갔다가 다시 내려오는데, 약 10분 정도 동안 무중력을 경험할 수 있답니다. 제프 베조스도 이 로켓을 타고 직접 우주에 다녀왔어요.

버진 갤럭틱은 비행기처럼 생긴 우주선을 사용해요. 이 우주선은 높은 고도까지 올라갔다가 다시 내려오는데, 이 과정에서 우주 경계에 도달해서

제프 베조스의 블루 오리진

리처드 브랜슨의 버진 갤럭틱

제8장 우주 여행은 이제 꿈이 아니야

무중력을 경험할 수 있어요. 2021년에는 리처드 브랜슨이 직접 이 우주선을 타고 우주여행을 했답니다.

    이런 회사들은 앞으로 더 많은 사람들이 우주를 경험할 수 있도록 노력하고 있어요. 그래서 미래에는 우주관광이 비행기 여행처럼 흔해질 수도 있겠죠.

이번 방학에는 부모님과 함께 우주 관광을 다녀오면 어때?

우주 호텔과 우주 엘리베이터는 가능할까?

우주여행이 많아지면, 우주에 머무를 수 있는 공간도 필요하겠죠? 그래서 과학자들은 우주 호텔을 만들려고 하고 있어요. 미국의 한 회사는 2030년쯤에 지구 주위를 도는 우주 호텔을 만들겠다고 발표했어요.

이 호텔은 회전하면서 인공 중력을 만들어 사람들이 떠다니지 않고 생활할 수 있도록 설계되고 있어요. 호텔 안에는 식사하는 공간, 잘 수 있는 방, 그리고 창문을 통해 지구를 내려다볼 수 있는 전망 공간도 있을 거예요. 영화에서 본 우주정거장처럼 멋지겠죠?

또한 과학자들은 우주 엘리베이터라는 아이디어도 생각하고 있어요. 이 엘리베이터는 지구에서 우주까지 길게 연결된 줄을 따라 올라가는 장치예

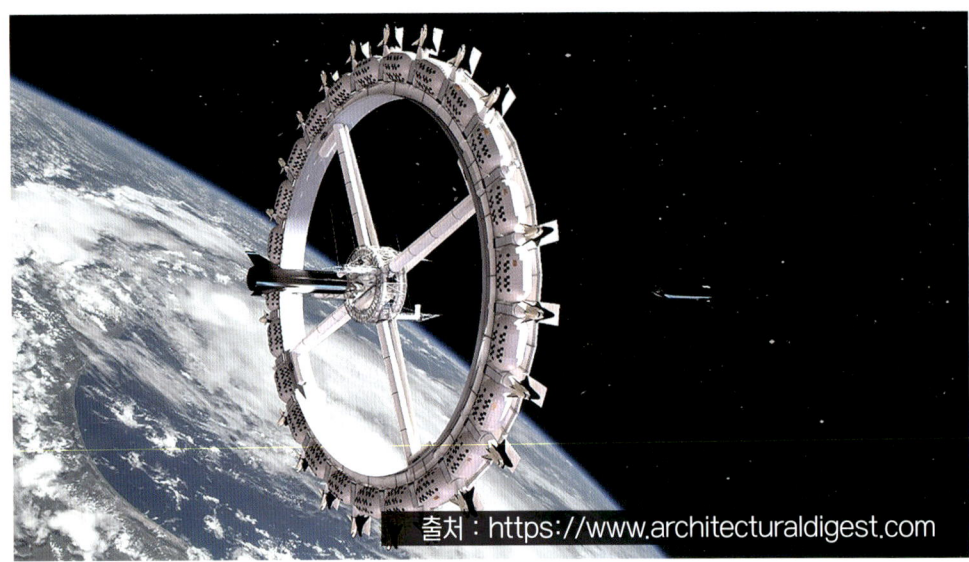

우주 호텔

우주 엘리베이터

요. 만약 이게 가능해지면, 로켓 없이도 우주로 갈 수 있게 되는 거예요.

물론 이런 기술은 아직 어려운 점이 많아서 지금 당장은 사용할 수 없어요. 하지만 과학자들은 열심히 연구하고 있답니다. 언젠가 진짜로 우주 호텔에서 하룻밤 자고, 우주 엘리베이터를 타고 우주로 올라가는 날이 올지도 몰라요.

여러분! 저는 엘리베이터를 타고 우주로 올라가는 중입니다.

나도 우주에 갈 수 있을까?

　어린이 여러분, 여러분도 우주에 갈 수 있을까요? 정답은 '네!' 예요! 지금은 아직 돈이 많이 들고 훈련이 어려울 수 있지만, 미래에는 더 많은 사람들이 우주에 갈 수 있게 될 거예요.

　우주에 가려면 튼튼한 몸과 똑똑한 머리, 그리고 용기가 필요해요. 지금부터 건강하게 자라고, 과학 공부도 열심히 하고, 영어도 배우고, 친구들과 잘 지내는 연습도 해보세요. 이런 모든 것이 훌륭한 우주비행사가 되는 데 도움이 된답니다.

　그리고 우주비행사뿐만 아니라, 우주선 디자이너, 우주 음식 개발자, 우주 농부, 우주 관광 가이드 등 우주와 관련된 많은 직업이 생길 거예요. 여

우주 시대의 직업들

러분도 그중 하나가 될 수 있어요.

 우주는 더 이상 우리와 멀리 떨어진 곳이 아니에요. 우리는 매일 우주에서 보내오는 데이터를 보고, 우주에서 일어나는 일을 실시간으로 알 수 있어요. 이제 우주는 우리 일상 속으로 들어오고 있어요. 그러니 꿈을 크게 가지고, 언젠가는 여러분이 우주에 다녀올 날을 기대해 보자고요.

우주 실습실

나의 우주 승차권 만들기

ARTEMIS

승차권
아르테미스 I

발사장

발사체

탑 승 중

and Space Administration   M2M2021238900

탑승자명

행선지

우주선

ARTEMIS I

적립마일리지 : 1,300,000 마일

여러분! 나처럼 우주비행사가 되고 싶지 않나요?

출처 : https://pixabay.com

제9장

우주를 꿈꾸는 어린이

우주비행사가 되려면 무엇을 준비해야 할까?

우주비행사가 되려면 무엇이 필요할까요? 먼저 튼튼한 몸이 꼭 필요해요! 우주에서는 무중력 상태에서 오래 지내야 하므로, 몸이 약하면 버티기 힘들어요. 그래서 운동을 열심히 하며 체력을 키워야 해요.

그리고 우주비행사는 머리가 똑똑해야 돼요. 과학, 수학, 영어, 컴퓨터 등 다양한 분야의 지식이 필요하거든요. 우주에서는 모든 것이 과학으로 이루어져 있으니까요. 게다가 외국의 과학자들과 함께 일할 수도 있으니, 영어로 말하고 이해하는 능력도 꼭 필요해요.

뿐만 아니라, 침착하고 용감한 마음도 중요해요. 우주에서는 갑자기 문제가 생길 수도 있으니까요. 그럴 때 당황하지 않고 차분하게 해결할 수 있

NASA의 취업 공고

어야 해요.

어린이 여러분도 지금부터 운동도 열심히 하고, 공부도 재미있게 하면서 꿈을 키워보세요. 훗날 우주비행사로 훈련받는 자신을 상상해 보세요. 정말 멋지지 않나요?

과학자, 엔지니어, 천문학자, 그리고 미래의 나

　우주와 관련된 일을 하는 사람은 우주비행사만 있는 것이 아니에요. 우주에는 많은 직업이 있어요. 예를 들어, 과학자는 우주의 신비를 연구하고, 엔지니어는 우주선을 설계하고 만들어요. 천문학자는 망원경으로 별과 행성을 관찰하며, 프로그램 개발자는 우주 장비를 움직이게 하는 소프트웨어를 만들어요.

　그리고 우주에서 자라는 식물을 연구하는 우주 식물학자, 우주에서 먹을 수 있는 음식을 개발하는 우주 요리사, 우주 관광을 안내하는 우주 가이드 같은 흥미로운 직업도 있어요.

　여러분은 어떤 직업이 가장 끌리나요? 좋아하는 것을 찾고, 그 꿈을 이

출처 : https://pixabay.com

루기 위해 준비하면 돼요. 과학, 그림, 글쓰기, 이야기 만들기, 조립하기, 무엇이든 좋아요. 자신만의 재능을 키우면 우주에서도 꼭 필요한 사람이 될 수 있어요!

지금 무엇부터 해야 할까?

그럼 지금 여러분은 무엇을 할 수 있을까요? 아주 많아요.

먼저, 과학책 읽기예요. 우주와 별, 행성, 로켓에 대한 책을 읽으며 상상력을 키워보세요. 과학 만화나 그림책도 좋아요.

그다음은 별 보기예요. 저녁에 하늘을 올려다보면서 달과 별을 관찰해보세요. 스마트폰 앱이나 망원경을 이용하면 더 재미있어요.

또한 우주 뉴스나 영상 보기도 좋은 방법이에요. NASA나 한국항공우주연구원의 유튜브 채널에는 우주에 대한 최신 소식과 영상이 가득하답니다.

그리고 과학 놀이도 해보세요. 물로 로켓을 만들거나, 달 모형을 만들거

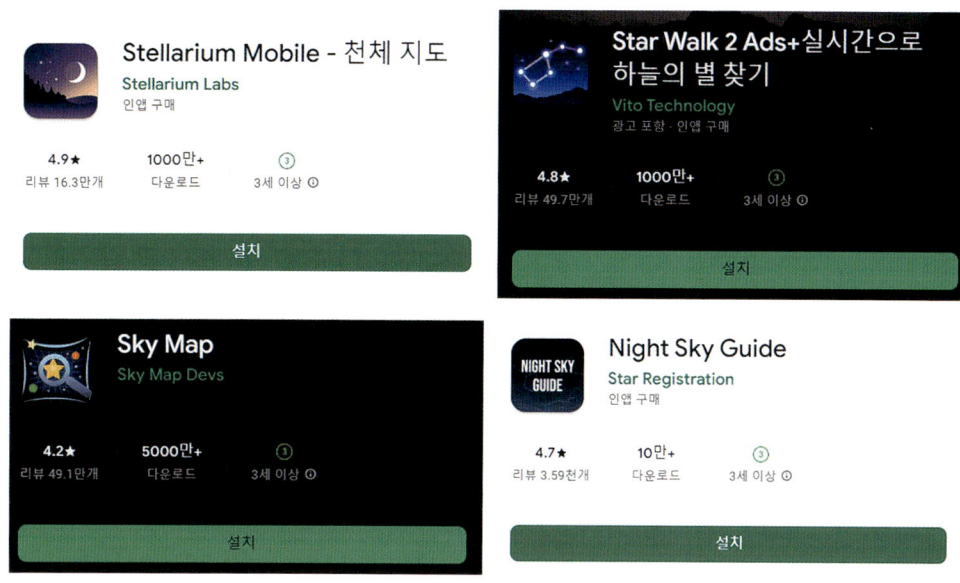

우주 관찰 앱

나, 작은 태양계를 만들어 볼 수 있어요. 만들면서 배우는 건 정말 재미있어요.

공부는 어렵고 재미없는 게 아니에요. 좋아하는 것을 찾고, 그것을 재미있게 배우면 어느새 나도 모르게 똑똑해져 있어요.

물 로켓 만들기

나도 우주 개발의 주인공이 될 수 있어요

우주는 이제 먼 꿈이 아니에요. 지금도 많은 나라에서 우주를 탐험하고, 더 많은 사람들이 우주로 가기 위한 준비를 하고 있어요.

한국도 누리호와 다누리 같은 로켓과 탐사선을 만들어서 우주를 향해 한 걸음씩 나아가고 있답니다. 이런 프로젝트에는 많은 사람들이 함께 일해요.

그러니까 여러분도 그 미래의 한 사람이 될 수 있어요. 지금은 아직 어리지만, 꿈을 꾸고 준비하면 언젠가 우주를 설계하는 과학자, 우주에서 생활하는 우주인, 또는 우주에서 살아남는 방법을 연구하는 과학자가 될 수 있어요.

출처 : https://pixabay.com

　우주는 넓고, 해야 할 일이 정말 많아요. 여러분의 생각, 노력, 열정이 꼭 필요해요. 지금부터 차근차근 준비해요. 언젠가 누군가가 이렇게 말할지도 몰라요. "이 사람이 바로 대한민국을 대표하는 우주인입니다!"

　그 주인공은 바로 여러분일지도 몰라요.

우주 실습실

우주 탐사를 위한 오늘부터 해야 할 일

1

2

3

우주는 나의 힘

나는 작지만, 우주처럼 멋진 존재야

밤하늘에 펼쳐진 수많은 별들 속에서 우리는 얼마나 작은 존재일까요? 수천억 개의 별과 은하가 있는 우주 앞에서, 지구도 아주 작은 점에 불과하죠. 그런데 신기하게도, 이 거대한 우주를 '이해하고 싶다'고 생각하는 존재는 바로 우리 인간이에요.

어린이 여러분, 여러분은 아주 작지만, 마음속에는 끝없이 큰 세상을 담고 있어요. 눈에 보이지 않지만 여러분의 머릿속에서는 별들이 반짝이고, 로켓이 날아가고, 새로운 세상이 펼쳐지고 있어요. 그 상상력은 우주만큼이나 크고 멋진 힘이에요.

과학자들은 우주의 탄생 순간을 연구하고, 인공위성을 쏘아 올리고, 멀리 있는 별의 비밀을 밝혀내요. 그런데 그 과학자들도 모두 어릴 때는 별을 바라보며 '왜 저렇게 빛날까?' 하고 궁금해했을 거예요. 여러분도 그런 호

기심을 가진 멋진 존재예요.

　내가 지금은 작고 어린아이라도 괜찮아요. 우주도 처음엔 아주 작고 뜨거운 점 하나에서 시작했거든요. 지금 여러분이 가진 꿈과 질문, 그리고 상상은 언젠가 엄청나게 큰 힘이 될 수 있어요. 우주는 바로 그런 가능성으로 가득 찬 공간이에요. 그리고 여러분도 그런 존재예요.

우주처럼 끝없이 나아가는 사람이 될 거야

　우주는 지금도 계속 커지고 있어요. 이것을 우주 팽창이라고 해요. 우주는 가만히 있지 않고, 아주 빠른 속도로 더 넓어지고 있답니다. 그리고 그 안에서는 새로운 별이 태어나고, 또 사라지고 있어요. 마치 생명이 숨 쉬듯 변화하고 있는 거죠.

우리도 마찬가지이지요. 어제보다 오늘, 오늘보다 내일 조금씩 더 자라고, 배우고, 바뀌어요. 어떤 날은 실수도 하고, 속상하기도 하지만, 그 속에서도 우리는 한 걸음씩 나아가고 있어요. 마치 우주처럼요.

우주에 대해 배우면 알게 돼요. 실패도, 기다림도, 긴 시간도 모두 의미가 있다는 걸요. 로켓 하나를 쏘기 위해 수십 년을 준비하고, 탐사선 하나가 목적지에 가는 데 수 년이 걸려요. 그래서 지금의 작은 노력이 언젠가 큰 성과로 이어질 수 있다는 것을 우주는 우리에게 말해줘요.

여러분도 앞으로 많은 것을 배우고, 새로운 일을 만나고, 더 큰 세상을 향해 나아갈 거예요. 누리호를 만든 과학자들처럼, 다누리를 달에 보낸 연구원들처럼, 여러분도 우주처럼 끝없이 도전하는 사람이 될 수 있어요.

우주는 멀리 있지만, 우주를 향한 꿈은 지금 이 순간 여기에서 시작돼요. 나 자신을 믿고, 포기하지 않고, 별처럼 반짝이는 마음으로 앞으로 나아가 보세요. 여러분은 작지만, 우주처럼 멋진 가능성을 가진 존재니까요.

이제 여러분의 이야기가 시작될 차례예요. 우주처럼 끝없이, 힘차게 나아가기를 바랄게요!